PERFECT YOU

ОЛЕСЯ МАЛИНСКАЯ

PERFECT YOU*

как превратить
жизнь в сказку

*совершенная ты

Москва
2019

УДК 159.9
ББК 88.52
М19

Во внутреннем оформлении использованы иллюстрации:
Olga_C, AVA Bitter, Valenty, one line man, bella_vita / Shutterstock.com
Используется по лицензии от Shutterstock.com

Малинская, Олеся Александровна.

М19   Perfect you: как превратить жизнь в сказку / Олеся Малинская. — Москва : Эксмо, 2019. — 256 с. : ил. — (Talanta agency).

ISBN 978-5-04-102048-4

Красивая гладкая кожа, роскошные волосы, притягательный взгляд — так выглядит идеал многих людей. Помимо внешних атрибутов, каждая девушка хочет самореализоваться в работе и творчестве, иметь рядом любимого и любящего мужчину, проводить веселые дни с друзьями.

Олеся Малинская — дизайнер одежды, идеал миллионов и топовый блогер — делится своими секретами по достижению этого совершенства. Она научит тебя заботе о теле, построению грамотных взаимоотношений с окружающими и в семье, поможет определиться с карьерой и жизненным предназначением, найти гармонию и обрести себя. Она сумела найти баланс в жизни, теперь твоя очередь.

УДК 159.9
ББК 88.52

ISBN 978-5-04-102048-4

Оглавление

Ты

Ты и мир

Ты и мужчина

Аффирмации

Олеся Малинская

Ты

Ты у себя одна

ЭНЦИКЛОПЕДИЯ КОРОЛЕВЫ ♛

Когда я была маленькой, то хотела быть принцессой. Просила, чтобы меня так называли, кружилась у зеркала в воображаемых платьях, представляла себя в хрустальных туфельках на балах, после которых карета никогда не превращалась в тыкву. Я росла, менялась, но никогда не оставляла мысли, что я — особенная. Потом повзрослела. Теперь у меня есть свой бизнес, прекрасный дом, самый любимый на свете муж и самая сладкая в мире карамелечка — дочь Николь. Сейчас пришло ее время расти принцессой, а на смену моим будням маленькой царевны пришло настоящее, в котором хочу быть королевой, не согласной на меньшее. И эта книга — для таких же как я! Для женщин, которые хотят быть королевами.

Королева — это очень желанный, но очень ответственный титул. На такую женщину хотят равняться, с ней хотят быть рядом, у нее хотят учиться, но быть ею очень и очень непросто, потому что самый серьезный ответ королева всегда держит перед собой — своей душой, своей совестью и своей честью. Мы с детства слышим фразу «нет предела совершенству», и это действительно так. Совершенство — понятие эфемерное. Мы ставим перед собой цель, считая ее совершенной, но как только достигаем ее, понимаем — это не предел, надо двигаться дальше. И как только делаем следующий шаг вперед, прежнее понятие совершенства растворяется, уходит в прошлое. Это не статичная точка, это лишь катализатор нашего развития, мотивация к движению! Стремление быть совершенной должно культивировать внутри нас гармонию, потому что внутренняя гармония — это счастье.

11

Но что делать, если вы не были в детстве принцессой? Может быть, вам не давали, с нежных лет внушая, что носить на голове корону — плохо, и надо бы ее поправить, а еще лучше снять, а то жмет. Может быть, вы не хотели этого, потому что были пацанкой, не слезавшей с деревьев, а сейчас опомнились, загорелись и поняли, в чем ваша главная сила? Как стать королевой, не будучи с детства царских кровей? Надо меняться!

Женщина-королева — это набор благородных качеств, и даже если у вас их нет, всегда можно начать над этим работать, преобразиться под волшебной палочкой феи-крестной. Роль феи-крестной возьму на себя я, а вот вместо волшебной палочки вам предстоит заручиться своим желанием стать лучше. Потому что меняться никогда не поздно, больше того — обязательно и нужно! Но как?

Этому и посвящена моя книга — искусству стать королевой, жить королевой и быть наполненной счастьем от своего титула. Тут есть теория и практика, общие рекомендации и конкретные советы, примеры, прикладные материалы и очень много моей любви. От первой страницы и до последней мы пройдем с вами путь чудесных преобразований, шаг за шагом, стадия за стадией. И какой же у нас будет план? Сейчас расскажу.

1. ПОСТРОЕНИЕ БАЗИСА

Избавление от всего дурного, что вас окружает, что влияет на вас плохо, что тянет назад. Это энергетические и материальные тормоза, это блоки вашего тела и вашей души. У королевы нет вредных привычек. Она не позволяет себе грубо выражаться и оскорблять людей. Не опускается до мелких склок и выяснений отношений на громких тонах, не истерит, не мстит, не терпит подлости. Она защищает себя и своих близких от негатива непробиваемой броней своей любви и женской силы.

2. ОБРЕТЕНИЕ ГАРМОНИИ

Освобожденное от негатива место в ее душе и голове занимают только достойные чувства, качества, мысли. Женщина-королева наполнена, умиротворена, счастлива, она любит себя и любима. Она преисполнена добродетели, у нее идеальные отношения с собой, с окружающими и со своим мужчиной.

3. ПРИМЕНЕНИЕ

Наполнив и изменив себя, женщина-королева меняет саму действительность вокруг, преображает мир. Она — автор, художник, лидер, она знает, чего хочет. Она заряжает людей своими силами и оптимизмом. У нее огромный потенциал, у нее столько женской энергии и она так хорошо умеет ей пользоваться, что быть рядом с такой женщиной мечтает каждый.

Я вижу среди своих подписчиц столько прекрасных женщин, которые хотят развиваться и расти. Я вижу их потенциал и знаю, что они могут быть лучшей версией себя, что они могут добиться всего, чего хотят, чего они достойны. Им нужно только немного над собой поработать, кому-то чуть больше, кому-то чуть меньше. Разобраться в себе, своих страхах, комплексах, прокачать свою женскую энергию, убрать блоки — и все станет отлично!

Моя книга не рассчитана на все население, моя цель — не обхват масс, я пишу для тех, кто хочет быть выше среднего уровня. Да, я пишу для женщин-королев! Тех, женщин, которые — как и я — не согласны на меньшее. Сильных, целеустремленных, осознанных, которые уже знают, чего хотят. Для женщин, которым духовные ценности ближе и значимее материальных, но которые согласны существовать только в балансе этих составляющих! Для тех женщин, которые рано или поздно, иногда страданиями, иногда ошибками, но добиваются своего, а именно — своей счастливой жизни, внутренней гармонии и надежного, любимого человека рядом.

Я хочу, чтобы у вас этих ошибок было намного меньше, а еще лучше — не было вообще. Потому что я люблю вас, мои принцессы и королевы. Моя книга — это ваш путь по тронному залу, который завершится коронацией и даст начало новому прекрасному периоду — мудрому правлению своим маленьким волшебным королевством (или не маленьким ☺).

Время меняться пришло. Время быть счастливой настало.

СЧАСТЛИВАЯ ЖЕНЩИНА ✨

Какая она? Как ей досталось ее счастье? Как она его заслужила? Должна ли она была вообще это делать, или можно было просто ждать, подстраиваться, не отказываться от легких путей? Я считаю, что нет — не надо подстраиваться, и да — счастливый человек свое счастье должен заслужить. Чем? Своей доброй душой, отзывчивым сердцем, правильным отношением к людям и достойными поступками. Ну не могут злые люди быть по-настоящему счастливы, потому что счастье в первую очередь рождается внутри нашей души! И из плохих камней крепкую стену не сложить. Только тщательно отбирая каждый кирпичик, каждое средство, каждое действие, можно построить надежную и правильную крепость истинного счастья.

А еще я уверена, что получить истинное счастье, понять его нельзя без прожитого ощущения горя. Увы, это так, но, только познав радость и печаль, вдохновение и упадок, духовный подъем и отчаяние, человек может оценить настоящее счастье. Легких путей к счастью не бывает, это всегда духовные трудности. Не обязательно внешние, это в том числе и наши внутренние войны, и нередко — с собой, своими пороками. «Если бог хочет сделать тебя счастливым, то он ведет тебя самой трудной дорогой». Это действительно так.

Но ведь эти счастливицы, которые все заслужили и которые сделали себя сами, существуют, их много. Как они выглядят? Что у них общего? Есть ли единый собирательный образ той, внутри которой круглый год цветет весна? Есть золотой стандарт, к которому надо стремиться? Есть. Давайте его разберем и ответим на самый первый вопрос этой главы: счастливая женщина — какая она?

ЖЕНСТВЕННАЯ И ГАРМОНИЧНАЯ

Женская гармония — это покой в душе, наполненность, ощущение, будто внутри распускаются сады, поют птицы и льются водопады изобилия. Женщина может быть сколь угодно сильной, но от природы никуда не денешься, и у нас она нежная, мягкая, чувствительная, созидательная и сострадательная.

Мы не берем на себя мужские функции не потому, что мы с этим не справимся, а потому, что это заблокирует нашу женственность и наше счастье, не даст им хода (мы подробнее поговорим об этом дальше). Я не всегда так считала и не всегда была так четко в этом уверена. Поэтому ошибалась, мне это мешало, и так было до того момента, пока я не разобралась в себе и не поняла, что делала не так.

Например, я всегда знала, что для меня очень важно иметь семью. Не просто ребенка и не просто мужа, а именно настоящую полноценную семью — счастливые мама с папой, двое здоровых деток и каждый день душа в душу. Но сначала я должна была пройти школу жизни. Разобраться в себе, самореализоваться, усвоить множество уроков, стать настоящей женщиной, которая действительно будет готова к семье и деткам (вряд ли бы их потянула беспечная девочка), а главное — научиться быть счастливой с собой. Это очень важно, и именно из этого вытекает следующее качество настоящей женщины.

ОСОЗНАННАЯ

Часто мы, женщины, перекладываем ответственность за наше счастье на мужчину. Мы думаем, что несчастны потому, что у нас нет второй половинки, либо она была, но оставила нас, и теперь мы не видим смысла жизни. Но это не так, совсем не так! Наше счастье внутри нас, и мы его источник. Оно не должно зависеть от мужчины, от подруги, кого бы то ни было, кроме одного-единственного человека! Нас самих.

И пока мы не обретем счастье наедине с собой, мы не будем счастливы ни с кем. Именно поэтому мы должны научиться быть счастливыми независимо от обстоятельств. Найдете счастье в себе — сможете одарить им своего мужчину и всю свою семью. Эта формула работает и с любовью тоже: пока вы не полюбите себя, вас не полюбит никто. И с этим очень созвучно наше следующее качество.

САМОДОСТАТОЧНАЯ

Женщине очень важно быть самодостаточной в духовном плане. Это значит не бояться одиночества, не испытывать перед ним навязчивый страх. Это быть целостной. Такой женщине может быть хорошо и без мужчины. Если его временно нет, она не убивается, потому что твердо знает — всему свое время.

Именно это я говорила себе в минуты одиночества, и знаете что? Это помогало. Самодостаточная женщина вступает в союз не из слабости, а благодаря силе, из желания дарить любовь и радость, которой у вас в избытке. Самодостаточная женщина никогда не бегает за мужчиной, она сама становится интересной и делает так, чтобы завоевывали ее.

А еще самостоятельная женщина реализована, умеет трудиться и знает, как деятельно менять мир вокруг себя к лучшему.

«НУ НЕ МОГУТ ЗЛЫЕ ЛЮДИ БЫТЬ ПО-НАСТОЯЩЕМУ СЧАСТЛИВЫ, ПОТОМУ ЧТО СЧАСТЬЕ В ПЕРВУЮ ОЧЕРЕДЬ РОЖДАЕТСЯ ВНУТРИ НАШЕЙ ДУШИ! И ИЗ ПЛОХИХ КАМНЕЙ КРЕПКУЮ СТЕНУ НЕ СЛОЖИТЬ».

ЛЮБЯЩАЯ И ЛЮБИМАЯ

Почему я поставила слово «любящая» перед словом «любимая»? Потому что это как раз та история, когда отдавать — ничуть не менее важно, чем брать, а зачастую — намного приятнее. Жизнь наполняется удивительным смыслом, когда мы любим. Как будто теплое рыжее солнышко медленно заливает всю улицу мягким и ласковым светом. И речь не только о любви к мужчине или ребенку, родителям или друзьям. Любовь живет везде, ее можно найти в мелочах и деталях. Например, восхититься с утра пением птиц, ясным небушком. Счастье начинается с простых вещей, главное, положить этому начало в своей душе, заложить фундамент.

Когда мне нужна любовь, я начинаю ее отдавать, и она непременно возвращается обратно! Тех, кто любит сам, невозможно не полюбить! Потому что любовь — это одновременно бумеранг и снежный ком. Запустите ее, и она вернется в еще большем объеме, с еще большими радостью и удовлетворением.

И это же правило работает со свойством в нашем следующем пункте.

БЛАГОДАРНАЯ

Благодарность обладает колоссальной силой. Простое «спасибо», сказанное от сердца, несет в себе толику энергии всей великой Вселенной. Это фундаментальный закон человеческой энергии — получать, отдавая, притягивать подобное. Когда мы благодарим жизнь искренне, то получаем еще больше того, за что благодарим. Мужчина расцветает, слыша благодарность женщины за букет цветов, в нем рождается желание радовать вас все больше. Это наглядный пример, правило, которое работает со всеми и со всем.

В благодарном сердце нет места печали. Там живет любовь!

МОЙ ОПЫТ

Внутри меня всегда жило огромное желание быть идеальной. Сейчас я понимаю, что идеализм — это не всегда хорошо, но так или иначе именно он был моим стимулом.

Сначала мне хотелось быть идеальной внешне. В юные годы в основном только о том и думаешь. Но позже, по мере взросления, во мне крепло желание меняться внутренне, заполнять чем-то прекрасным сердце, украшать не лицо, а душу, чтобы она была красивее оболочки, потому что по-настоящему красивая душа — бессмертна. И только некоторое время спустя я поняла, что в этом деле нужен баланс, как и во всем остальном.

Моя первая коллекция одежды как раз была об этом, о том, что женщина должна быть гармонична во всех областях. Она называлась «Золотая середина» и очень точно передавала мое внутреннее ощущение правильного мира. Да, женщина должна быть прекрасна, но прекрасна как внутренне, так и внешне, без фанатизма и перебора. Я искренне желала быть добрым человеком без вредных качеств, духовных сорняков. Они только разрушают нас изнутри, и если их не выполоть, они захватят всю грядку и уничтожат все полезное. Да, подчистую все не искоренить, но почему бы не попробовать? Мы все неидеальны, но стремиться к счастливой звезде нам никто не запрещал.

Я захотела быть женщиной с большой буквы, с правильными взглядами и идеалами. Так все

и началось — с мысли, которая потом трансформировалась в желание, слово и действие. В итоге она воплотилась в жизнь благодаря совокупности энергии, силы духа и работы над собой. Желание и воля человека способны творить чудеса. Возможно, не так уж оно и плохо, это «стремление к «перфекционизму». Как считаете?

ВЛЮБЛЕННОСТЬ В СЕБЯ ✹

Как уже было сказано, любовь начинается с тебя, и если ты научишься любить себя, тебя научатся любить все. Но любовь любви рознь, это благородное и прекрасное чувство очень легко могут исказить эгоизм или тщеславие. Так как не перегнуть палку? Начну с небольшого рассказа.

МОЙ ОПЫТ

К сожалению или к счастью, история моих детства и юности — это не голливудская история про гадкого утенка, который преодолел комплексы, пережил нелюбовь к себе и превратился в прекрасного лебедя. О нет. Будучи ребенком, я была твердо уверена: никого краше в этом мире не существует. Я уделяла своей персоне много внимания и хотела, чтобы другие делали ровно то же самое. Когда в садик или школу приходил фотограф, чтобы сделать общее фото, я всегда садилась в центр, распускала косы и с нетерпением ждала череду вспышек. Скромность и адекватность пришли только сейчас, вместе с мудростью; в подростковые годы я считала себя не просто симпатичной; я считала себя невероятной, блистательной, самой прекрасной и самой красивой в природе. Сейчас я смотрю на эти неудачные фотографии угловатого ребенка и думаю — откуда было столько уверенности? Откуда она взялась?

Я любила краситься, и красила не только себя, но и всех девочек перед школьной дискотекой (хотя наша директриса не всегда одобряла вечерний макияж в стенах учебного заведения). Я любила менять наряды — покупала пленку на 24 кадра, наряжалась и просила подружку меня фотографировать. Меняла луки, образы и локации, потом приносила в школу и всем показывала. Мне очень нравилось слушать комплименты: «Вау, это ты? Красотка!» Я любила ухаживать за собой. По весне составляла список изменений, в который вносила зарядку, акробатику, напоминание делать маски для волос (ну, знаете, яйцо и сметана — чтобы блестели и быстрее росли). В один из списков даже внесла тайным шифром желание сделать пирсинг (и таки сделала втихаря от родителей).

Было ли это хорошо тогда? Может быть не всегда. Но на долгосрочной дистанции эта уверенность очень помогла. Самооценка стала железной, непоколебимой. А потом миновал юношеский максимализм, спесь исчезла, а я стала адекватно и здраво оценивать свои плюсы и минусы. Так родилась любовь, на базе которой со временем начала плодоносить влюбленность.

Что ж, очевидно, что любовь к себе растет из детства. Так по какому пути она проходит, как из небольшого зеленого бутона становится пышным цветочным кустом?

НАЧАЛО

Итак, детство — старт ваших любовных отношений с собой, нулевой меридиан, точка отсчета. Стоя на ней, вы можете обнаружить себя в двух состояниях.

Первое: у вас все более или менее хорошо, вы всегда себя любили (или даже обожали). Как не удариться в самолюбование с возрастом, не превратиться в заносчивую, неприятную, холодную женщину? Рецепт все тот же: дарите любовь, не оставляйте ее себе, согревайте тех, кто рядом. Не превозноситесь над другими, будьте добрее. Помните, что с возрастом красота станет иной, а вот ваша душа может быть всегда юной, сердце — прекрасным.

Второе: любовь к себе не заложилась у вас на подкорке с младенчества или вам, не дай бог, кто-то тогда посмел сказать, что вы некрасивая, неумная, какая-то неправильная. Боюсь, что эти люди/ситуации создали блоки, но — хорошая новость — их можно разбивать и прорабатывать. С помощью практик в конце этого раздела и с помощью аффирмаций в конце книги мозг можно перепрограммировать на нужную волну, настроить его, сломать шаблон.

Со временем девочки, пережившие первый шаблон поведения (как я), станут скромнее и мудрее. А те, у кого в жизненной копилке был второй, научатся принимать себя, признавать свои достоинства и достижения, станут с радостью за собой ухаживать. Потому что именно любовный уход, с радостью и удовольствием, — старт физического воплощения этого прекрасного чувства. Это — начало. Дальше — зрелость.

РАСЦВЕТ

Когда ваша любовь к себе становится зрелой, приходит еще одно понимание: это не только самообожание, самолюбование и вседозволенность. Глубокая любовь к себе — это отказ.

Да-да. Ты любишь себя и не позволяешь себе съесть лишний кусок вкусняцкого торта. Ты любишь себя и гонишь в спортзал, хотя хочется лежать в кровати. Тебе хочется докурить последнюю сигарету, но ты бросаешь, потому что понимаешь, что это разрушает твое здоровье. Любовь — это сила, она сильнее слабостей.

Говорят, что любовь к себе — это принятие себя со всеми недостатками и слабостями. Да, принимать себя нужно, но и с недостатками бороться нужно. Нужно улучшать в себе все, что можно улучшить (и это не о внешности, как вы понимаете, хотя и с ней нужно работать). Стать лучшей версией самой себя — вот достойное стремление в жизни. И если вы хотите роста во всех сферах, вам тоже стоит его принять. Сказать в зеркало «я красивая, и я люблю себя» — мало. Это заявление должно быть обосновано, оно должно быть чем-то подкреплено. Надо работать над собой и внешне и внутренне, на то мы и женщины, чтобы быть наполненными и гармоничными красавицами!

ВЕРШИНА

Когда в женщине есть крепкий базис из внутреннего чувства, ей уже легко себя баловать, холить и лелеять. Ей легко *влюбиться* в себя. Ведь она у себя такая красавица и умница! Не надо ругать себя, если что-то не получается. Надо хвалить себя, когда получается даже малость. Влюбленная в себя женщина сразу заметна. Она следит за собой, она светится, она крутит с собой самый головокру-жительный роман. Она занимается любимым делом, которое вдохновляет, приносит радость и деньги (как приятную побочку). Именно к такой женщине встает очередь из мужчин, и все, что ей остается, — это выбрать того единственного для счастливой жизни и вечной любви.

На самом деле это просто, и я вам это докажу. Нужно лишь расставить все по полкам в вашей голове, сердце и душе.

Душа

ГАРМОНИЯ И СПОКОЙСТВИЕ ❦

Итак, мы уже выяснили, что гармония — это базис, на котором строится все. Большинство женщин считают (и обоснованно, надо сказать), что созданы для любви. Если в их жизни нет любви — в сердце пустота, а в душе — тревога. Но наша задача стать счастливой и полноценной до того, как Господь наградит нас второй половинкой. Нужно копить энергию гармонии, потому что именно она дает нам силы притянуть того мужчину, который будет соответствовать нашей энергетике. И если (и даже без «если») мы хотим себе лучшего мужа, мы сами должны стать лучшими, равными ему по энергетическому уровню (мышлению, сознанию и образу жизни).

Но что для этого делать? Давайте разбираться, мои хорошие.

1. ДЕРЖИТЕ БАЛАНС МЕЖДУ МАТЕРИАЛЬНЫМ И ДУХОВНЫМ

Очень здорово, если вы живете красивой и роскошной жизнью или стремитесь к ней. Атрибуты хорошего достатка могут неплохо поднять нам настроение и даже на какое-то время осчастливить. Популярность! Признание! Успех! Деньги, возможности! Конечно, все это тешит тщеславие и доставляет удовольствие. Но на самом деле влияние этих вещей на истинное счастье ничтожно. Если вы испытываете грусть, тревогу, душевные страдания, то как сильно вам поможет в эти минуты физический комфорт? Сомневаюсь, что как-то ощутимо.

Есть такая фраза: «Лучше плакать в «Бентли», чем смеяться на велосипеде». Как я была согласна с этим

23

смешным высказыванием лет так в семнадцать. И как я благодарна Господу и жизни, что сейчас мое сознание изменилось и мнение по поводу этой установки тоже. В современном мире нам насаживают идею зависимости от материального. Если у тебя нет этого или этого, или еще вот этого, то ты неуспешен, неудачлив, плох, слаб.

Но истина в том, что настоящее счастье связано только с душой и сердцем, а основанное на физическом удовольствии — сиюминутно и нестабильно; сегодня есть, а завтра нет. Именно поэтому многие по-настоящему богатые люди шли на самоубийство, лишившись своих накоплений и активов. Или другой пример: я лично знаю многих людей, у которых есть все, но которые тем не менее очень несчастны. Под внешним изобилием поселились разочарования, депрессии, духовная неудовлетворенность и безуспешный поиск смысла. Люди не знают, чем себя порадовать, как вернуть радость жизни, часто вплотную подходят к алкоголизму или наркомании.

Поэтому богатство совсем не гарантирует вам счастья. Люди, у которых есть все, забывают о своем главном активе — душе. Именно ее надо умасливать, именно духовность надо взращивать и укреплять! Потому что (и это важно) ключевой

момент в удержании баланса — это состояние вашего ума. Все наши счастья и несчастья растут именно оттуда. Надо уметь стабилизировать свое душевное равновесие для того, чтобы по-настоящему жить, ценить и наслаждаться счастливой и прекрасной жизнью, независимо ни от чего!

И еще один важный момент. Я не говорю, что материальные блага — зло. Ни в коем случае. Для меня, например, они очень важны; богатство должно присутствовать в моей жизни, это установка. Есть люди, для которых это не так критически важно, как для меня, и это здорово! У всех разные потребности. Но какие бы они ни были у вас, не зацикливайтесь исключительно на финансовом мире.

2. МЫСЛИТЕ ПОЗИТИВНО

Для кого-то это может прозвучать банально, но на самом деле позитивное мышление очень круто работает. Но, внимание, ключевое слово — работает, то есть это действительно «работа». Такой же труд, как изучение какого-то предмета, освоение музыкального инструмента, регулярное посещение фитнеса.

Наше подсознание помогает нам мыслить автоматически только после нескольких повторений каждой конкретной мысли в течение определенного времени! То есть важно проговаривать ее а) по несколько раз; б) регулярно. Вот почему люди, решившие для себя «ну все, я мыслю позитивно и всегда счастлив», но не соблюдающие эти два условия, часто все в отчаянии бросают, считая, что это не работает.

Вот человек загорается позитивным мышлением. Он ставит себе цель: купить машину, дом, стать счастливым. Он говорит это сегодня, завтра, а послезавтра идет на работу, погружается в тяжелый день, оказывается в окружении нервных людей и забывает. Весь остаток недели он на автомате разгребает проблемы и травит себя накопившимися проблемами. В итоге к концу недели он говорит, что это ваше позитивное мышление — сущая ерунда. Все потому, что прожить в позитиве пару дней — недостаточно. Тренировать сознание надо как мускулы. Если десять раз сделать упражнение на пресс, то никаких изменений в вашей фигуре не произойдет. А вот если упражнение делать систематически, то — сами понимаете. Также и с мышлением.

Меня тоже иногда накрывает негативом и проблемами, но потом я беру себя в руки, начинаю работать с подсознанием, и все становится на места. Попробуйте следить за тональностью

своих мыслей хотя бы месяц, и жизнь абсолютно изменится! Что уж говорить о дальнейших перспективах, учитывая то, что чистка собственного сознания — глобальное дело, которое продолжается всю жизнь!

Проверить заряженность своего мышления (чтобы понять, надо вам менять что-то или нет) можно, оценив по десятибалльной шкале не-

сколько показателей: настроение, самочувствие, здоровье, благосостояние и отношение с окружающими. Все это веские показатели отражения ваших мыслей.

3. РАССЛАБЛЯЙТЕСЬ

Пытливый женский ум не дает покоя никому, а самое главное — своей хозяйке. Когда женщина не может расслабиться, это чревато серьезными проблемами: от психических и физических у нее самой до неприятностей у ее близких!

Больше всего это относится к женщинам с сильной энергетикой. Мы можем как снести в одночасье все на своем пути, просто уничтожить, так и создать. В гневе я бываю очень резка, и близкие мне говорят, что могу кинуть такой взгляд, который заменит тысячи слов, а порой сильно обижаю. Поэтому стараюсь следить за своей энергией, за тем, во благо ли я ее направляю. Уравновешивать и созидать.

Расслабленная женщина может найти в себе ответ на любые вопросы! Не надо в панике бросаться к разным людям в поиске ответа. Надо успокоиться, умиротвориться и послушать себя. Вы сможете найти его в себе, он придет, дождитесь и увидите.

Женщина побеждает без войны, и сила женского ума в несколько раз сильнее мужского. Когда вы переживаете, все ваши опасения и тревоги переносятся в общий энергетический фон пространства вокруг вас. И наоборот, когда вы удовлетворены, даже дышится в вашем доме легче. Давайте себе время расслабиться и привести свой энергетический пульс в норму. Научитесь доверять жизни, Богу, Вселенной и будьте уверены, Господь позаботится о вас. Творите лучшую реальность!

4. БЛАГОДАРИТЕ

Благодарность — очень сильное чувство. Привычка ЗА ВСЕ благодарить (за все хорошее, разумеется) способна изменить все сущее вокруг вас.

Благодарите жизнь за каждую мелочь, каждую минуту. Благодарите Господа за светлые моменты, в которые вам особенно хорошо. Благодарите за сильные и чистые эмоции, которые вы испытываете. За места в которых вы бываете, за людей, с которыми общаетесь, за вкусную еду, за любимого мужа, за здоровых родителей и друзей, за эту прекрасную жизнь.

Где бы вы ни жили, кем бы ни работали, знайте: есть люди, которым повезло гораздо меньше, чем вам! На каждого богатого найдется более богатый, на каждую красивую — более красивая. «Мы проклинаем жизнь за то, что у нас нет обуви на ногах, до тех пор, пока не увидим человека без ног».

Искренне радуйтесь тому, что имеете, и оно приумножится! Это божественная сила, и она способна творить чудеса. Искренне благодарите, и ваша жизнь станет бесконечным источником счастья, радости, любви и благополучия!

5. СЛЕДИТЕ ЗА СВОЕЙ ЭНЕРГИЕЙ

Если в женщине преобладают женские энергии и качества, то она влияет на мир за счет своей внутренней работы. Ее интуиция, способности, чувства, таланты — это инструменты, с помощью которых она действует во внешнем мире. Решения такая женщина принимает душой и серд-

цем, потому что она всегда знает, что будет правильным в каждый конкретный момент. Она знает, как нужно действовать, что нужно делать. Это понимание скрыто внутри, надо лишь прислушаться к своему внутреннему голосу.

Женские знания и энергии помогают мужчине творить внешний мир. Именно поэтому на нас большая ответственность за все, в этом наша сила. Многое зависит от того, как женщина зачинает, вынашивает младенца, как растит его. То, что она вкладывает в ребенка, потом пожинается все новыми и новыми поколениями людей. Если это происходит с любовью в душе, то мир будет наполнен любовью. А если с болью, с тревогой и отчаянием, то и на выходе мир получит именно этот посыл.

«ИСКРЕННЕ РАДУЙТЕСЬ ТОМУ, ЧТО ИМЕЕТЕ, И ОНО ПРИУМНОЖИТСЯ! ЭТО БОЖЕСТВЕННАЯ СИЛА, И ОНА СПОСОБНА ТВОРИТЬ ЧУДЕСА. ИСКРЕННЕ БЛАГОДАРИТЕ, И ВАША ЖИЗНЬ СТАНЕТ БЕСКОНЕЧНЫМ ИСТОЧНИКОМ СЧАСТЬЯ, РАДОСТИ, ЛЮБВИ И БЛАГОПОЛУЧИЯ!»

Берегите свои силы, не растрачивайте зря. Необходимо исключить из своей жизни то, что блокирует вашу женскую энергию, тогда она изменится в лучшую сторону. Поэтому вот вам мой список абсолютных врагов женской энергии.

ЧТО ОТНИМАЕТ У НАС ЭНЕРГИЮ И СИЛЫ?

НЕМАТЕРИАЛЬНОЕ

- *Раздражение* ☺
- *Спешка* 🏃
- *Переживания* 💥
- *Страх* 😨
- *Тревога* 🚨
- *Зависть* 🖤
- *Откладывание дел на последний момент* ☞
- *Гордыня* 🔱
- *Месть* 😣
- *Конфликты* 🔫
- *Сплетни* 🐽
- *Новости* 🖥
- *Постоянные жалобы и обсуждения проблем* 🧍‍♀️🧍
- *Неспособность сказать нет* 💧

МАТЕРИАЛЬНОЕ

- *Нездоровая пища, консерванты, фастфуд, еда из микроволновки* 🍔
- *Кофеин и энергетики* ☕
- *Алкоголь, никотин, наркотики* 🌿
- *Лишний вес и недовольство своей внешностью.* ⚖
- *Недостаток сна* ᶻᶻᶻ
- *Малоподвижный образ жизни* 👣
- *Секс без взаимности с партнером, который тянет из вас энергию* 🍓
- *Отсутствие своего дела, хобби* 🎨

МОЙ ОПЫТ

Моя гармония — результат долгой внутренней работы. Мне всегда были неприятны чувства страха и беспокойства. Они рождали ощущение, что меня будто разрушают изнутри. Поэтому я старалась программировать сознание, давать ему только нужные установки: все хорошо, все будет еще лучше. Параллельно каждый день делала что-то, чтобы меняться в лучшую сторону, становиться добрее и чище.

Я исключила негатив из своей жизни. Не общалась о проблемах и болезнях, не смотрела телевизор, не допускала скверных мыслей. Со временем начала стараться ни о ком не думать плохо, не сплетничать, не испытывать зависти.

Мозг не сразу перестроился, сложно ведь вообще не испытывать этих чувств. Но не бойтесь, главное начать. Когда ваша душа очищается, это освободившееся пространство хочется чем-то заполнить, чем-то прекрасным и светлым. Вы почувствуйте это желание, и тут вам как раз и поможет ваш внутренний голос, интуиция, Господь.

Счастливым образом я натыкалась на литературу, которая была так нужна именно в тот момент. Встречала людей, которые наталкивали меня на определенные выводы. Все складывалось само собой, все помогало мне развиваться.

И еще очень важный момент: я постоянно молилась. Ездила каждый месяц в Оптину пустынь, это одно из сильнейших мест России, там служит мой духовный отец. Находились ответы, появлялось понимание, что я делаю не так по жизни, в чем заблуждаюсь. Формировалась четкая картина: чего я хочу, что для меня главное и в чем смысл конкретно моей жизни. Так со временем я и обрела свою гармонию.

ИЗМЕНЕНИЕ СУДЬБЫ 🏃

Многие девочки считают, что если они с детства не научились мыслить как принцесса, растить в себе королеву, любить себя и генерировать настоящую женскую энергию, то уже поздно. Это в корне неверно! Начать можно всегда, сколько бы лет вам ни было. И в 16, и в 26, и в 46 лет, и даже будучи старше. Потому что сущность женщины пластична, нам очень повезло в этом плане. Кроме того, нашу истину не скроешь, надо лишь немного помочь внутренней природной силе, чтобы она могла себя проявить во всей красе.

Кстати, эта природная сила неоднородна, она разделена на пять сущностей: королева, любовница, хозяйка, подруга, девочка. Каждая из них должна выходить в свет в определенное время, и наша задача — научиться грамотно выводить их и применять, особенно со своим мужчиной, своей семьей. Потому что когда в женщине развиты все пять состояний, все происходит в ее жизни правильно и так, как она хочет.

«НАЧАТЬ МОЖНО ВСЕГДА, СКОЛЬКО БЫ ЛЕТ ВАМ НИ БЫЛО. И В 16, И В 26, И В 46 ЛЕТ, И ДАЖЕ БУДУЧИ СТАРШЕ. ПОТОМУ ЧТО СУЩНОСТЬ ЖЕНЩИНЫ ПЛАСТИЧНА».

Королева — недоступная, гордая, но не надменная женщина. Умна, мудра, воспитанна, умеет себя преподнести. Уверена в себе, красиво и грамотно говорит. Отлично выглядит. Не рассматривает вариант поражения, если дело не касается ее мужчины.

Любовница — горячая женщина, страстная и раскованная со своим любимым. Соблазнительная, пленительная, откровенно сексуальная. Игривая и готовая быть только его.

Девочка — нежная и искренне беззащитная «дочка». Такой умеет быть каждая из нас, потому что нам это дано при рождении. Это не слабость, а наша сила. Тем более что мужчина (которому природой заложено быть покровителем) хочет защищать и помогать, заботиться о той, кто от него хотя бы иногда, но зависит.

Хозяйка — опора и подмога в доме. Та, на которую можно положиться и доверить ей обустроить быт, воспитать детей. Даже если у вас есть домработница и персонал, важно не перекладывать на них всю ответственность. Потому что если нет хозяйственной руки самой главной женщины, то ничего на свое место в ее доме не встанет. Ну и само собой, ни одна няня не даст то, что может дать заботливая мать.

Подруга — товарищ и надежный друг, который всегда прикроет тылы. Своя в доску, которая все поймет, с которой можно говорить на одном языке.

Все эти состояния надо в себе взращивать, все качества тщательно и скрупулезно развивать. Но заигрываться, перегибая палку, не стоит. Многие женщины зависают надолго в одном образе, и энергии распределяются неправильно. Например, в образе королевы. Девушка остается 24/7 только в нем и перегибает палку: требует, приказывает, не благодарит. Такая истинного внутреннего счастья не получит никогда! Как и вечная девочка / любовница / хозяйка / подруга.

Сила в балансе, помните об этом? Надеюсь, что да.

СИЛА ВЕРЫ 🗼

Это очень важный для меня блок, потому что, с одной стороны, вера — огромная часть моей жизни, а с другой стороны, я точно не святая, никогда так о себе не думала и в монахини мстить не собираюсь. Мне странно читать осуждающие комментарии в своем Инстаграме: об откровенных фото (грех!), обзоре гардеробной (сребролюбие!), приукрашивании внешности, аффирмациях и так далее. Я не говорю, что близка к Богу, я говорю, что СТАРАЮСЬ БЫТЬ ближе к Богу. Просто верю так, как могу и понимаю. И вам стоит верить так, как велят ваши сердце и разум.

Чтобы спрашивать с других, надо самому быть святым. Гораздо полезнее этого — следить за собой. Стремиться быть лучше и искоренять свои пороки, потому что каждому есть с чем бороться и куда расти. Сейчас речь не идет о какой-то конкретной религии (я православная христианка, но навязывать свое мировоззрение никому не хочу), скорее, об общих правилах для любых конфессий, основных законах всего мироздания.

Можно верить в Бога, посещать святые места, ходить в храмы, держать посты, читать молитвы, исповедоваться и причащаться. Но при этом писать дневник желаний, читать аффирмации, знать силу мысли и понимать разумную часть астрологии. Таким образом сознание не ограничивается никакими рамками, появляется возможность познать свой внутренний мир, найти истину через изучение разных исповеданий и взглядов. Любое учение надо принимать через призму своего сознания и таким образом находить для себя верную формулу жизни.

Что могу вам посоветовать я? Несите свет, добро и радость, желайте всем благ, здоровья, счастья, любви; и не только желайте, но и приносите. Никогда не делайте умышленно плохо другим, помогайте добрым советом и делом. Не пишите никому ничего плохого в соцсетях, но и не осуждайте тех, кто это делает (уверена, у них есть свои объяснения на этот счет).

Молитесь даже за тех, кто вас ненавидит.

И не ограничивайтесь внешними атрибутами веры. Стремиться к Богу надо содержанием, а не формой. Есть люди, которые считают, что свято веруют, ходят на все службы, но на тех же службах могут толкнуть или огрызнуться. Это явно не тот пример, к которому стоит стремиться.

«НЕ ПИШИТЕ НИКОМУ НИЧЕГО ПЛОХОГО В СОЦСЕТЯХ, НО И НЕ ОСУЖДАЙТЕ ТЕХ, КТО ЭТО ДЕЛАЕТ (УВЕРЕНА, У НИХ ЕСТЬ СВОИ ОБЪЯСНЕНИЯ НА ЭТОТ СЧЕТ)».

МОЙ ОПЫТ

Очень часто мои подписчики спрашивают, как я пришла к Богу. Что ж, дорога была не самой простой.

В детстве каждое воскресенье бабушка водила меня на службу в наш храм. Там таинственно пахло ладаном, было очень тихо и торжественно. Солнышко ныряло в окна, плескалось в каплях святой воды на лицах. Я любила причастие, исповедь, помазание елеем (освященным маслом) и особенно дни подготовки к Пасхе. Очень уютно были сидеть дома и украшать куличи, красить яйца луковой шелухой (листочки и цветочки — для орнамента).

Основные молитвы — «Отче наш», Иисусу Христу и Богородице — я знала наизусть и читала на ночь по три раза каждую. Однажды мы с бабушкой купили мне в храме серебряное колечко с надписью «Спаси и сохрани». Я не снимала его десять лет. С пятнадцати до двадцати пяти (можно даже по фотографиям отследить) оно было надето на мой средний пальчик, тот даже стал тоньше, но через косточку кольцо все равно проходило. Когда мне было грустно или я болела — оно темнело. Когда я была счастлива — блестело ярко-ярко. Со временем надпись полностью стерлась, но я продолжала носить его как талисман и сняла только в зрелом возрасте. Сохранила — и храню до сих пор.

Потом была юность, самостоятельная жизнь. Я немного отошла от Бога, но длилось это недолго, потому что даже если мы выбираем неправильные дороги, Господь все равно возвращает. У меня были очень сложные отношения длиною в год, которые закончились очень тяжело. После них я вновь начала искать поддержку в Боге, снова стала ходить по храмам, ставить свечки и писать записки за близких, друзей и врагов. Я очень переживала, и одна моя знакомая (а ныне — подруга) предложила съездить в Оптину пустынь. Это сильнейшее святое место на Земле. Мы остались там с ночевкой, с утра пошли на исповедь и службу, приложились к мощам. В этот момент я мысленно попросила всех святых помочь мне обрести гармонию.

Спустя некоторое время в жизнь пришли особенные отношения, на тот момент — предел моих мечтаний. Я стала очень счастливой, не уставала благодарить Господа за помощь. Но параллельно все больше читала литературу по саморазвитию и постепенно уходила в эзотерические учения. В итоге некоторые молитвы стала пропускать (ленилась), в храм ходила,

но реже. Это был важный урок: когда тяжелые времена минуют, мы порой забываем Бога, что таить. Но это неправильно.

Помню, как прочитала книгу «Секрет», а потом посмотрела фильм. Это были крутые и свежие впечатления, позволившие открыть для себя новые тайны Вселенной. Многое из того, что я задумывала правильным образом, стало сбываться. Тогда я дала эту книгу одному своему другу, он прочитал, и у нас состоялся интересный разговор.

— Итак, Олеся, если все блага нам приносит Вселенная, мы — магниты, притягиваем радость, страдание и материальные блага исключительно сами, все происходит из-за наших мыслей, то где место Богу? Что ты теперь об этом думаешь?

Хороший вопрос, правда? Вот, что я ему ответила:

— Мою веру ничуть не поколебала эта литература. Я лишь утвердилась в том, насколько велик и могуществен Господь. Именно он сотворил для нас эту величественную Вселенную, чтобы мы могли правильно пользоваться ее дарами и благами. Тебе возвращается то, что ты сам посылаешь и транслируешь в этот мир! Надо лишь делать это правильно. Разве

это не гениально? В книге те же основные принципы, что и в Библии, много цитат из Писания. Например, что все в мире зеркально и все возвращается («давайте, и дастся вам: ибо, какою мерою мерите, такою же отмерится и вам» — это Евангелие от Луки). Так вот, есть Вселенная, а сверху нее Господь, и никак иначе.

Уже тогда я понимала, что сила веры не имеет границ, и у нас нет границ, если мы сами их себе не поставим. Но и это был не конец моих испытаний.

Минуло 4 года, многое произошло, многое изменилось. Господь послал мне тяжелые отношения, на которые я пошла осознанно, ради любви. Пришлось отказаться от изобилия, материальных благ и удобств, чтобы шагнуть в но-

вый этап жизни. Но и он однажды закончился, и это тоже было тяжело: слезы, боль, потери. Но я не жалею ни на минуту, потому что все, что с нами происходит, — происходит не случайно. Духовное очищение и рост возможны только через страдания. И счастье не раскрылось бы передо мной в полной мере, не было бы оценено по достоинству, не познай я тогда всех тех тягот.

Чтобы найти покой, я снова начала ездить в Оптину пустынь с той же подругой. Там душе становилось хорошо, переживания казались напрасными, несчастья надуманными. Я поняла, что самые главные вещи — это не вещи; что это именно те явления, которые нельзя купить. Любовь, семья — вот что самое ценное.

Батюшка говорил: молись, чтобы мужа послал хорошего. И я молилась — уже о создании СВОЕЙ семьи, своей мечты. Каждый месяц приезжала в этот монастырь, оставалась с ночевкой. Однажды застала старца Илия, который был наставником нашего духовника. Это очень сердечный человек, люди стоят сутками в очередях, чтобы попасть к нему, так что встреча стала большой удачей. Смотришь ему глаза, а там чистота небесная. И он, кстати, *сказал мне то же самое: ты, глав-ное, молись, и все будет хорошо.*

Я поверила. Честное слово, мне стало от этого так легко на ду-ше, столько сил придали его сло-ва и благословение. Стало четко, ясно и понятно: если я останусь с Богом в душе, то буду обрече-на на счастье. После это я уже не оставляла молитв. С тех пор я старалась (и стараюсь) читать ежедневно утренние и вечерние молитвы по Молитвослову.

Одним прекрасным летним днем в московский храм Христа Спаси-теля привезли мощи Николая Чу-дотворца. Очередь была огромная, я натерла мозоль, безумно хоте-ла есть, но продолжала стоять долгие часы. Стемнело. Когда по-дошла моя очередь, я приложилась к мощам и испытала невероятное ощущение. По телу побежали му-рашки, из глаз хлынули слезы, и я искренне произнесла все, о чем так долго молила все эти годы, но не получала, потому что была не до конца готова. Мир перевернулся, а вместе с ним — мое сознание. Появилось ощущение новой жизни. И именно в тот момент я поняла, что созрела для нее.

Спустя несколько месяцев я встре-тила того, кого почувствовала сердцем. Кого столько лет загады-вала в своем дневнике желаний. Все, *о чем я мечтала, все, о чем я мо-лилась святым, воплотилось в нем. От всей души желаю: пусть у вас будет также. Верьте, мои дорогие.*

СИЛА МЫСЛИ 👤

Есть такая штука, которая называет-ся «закон притяжения». Закон притя-жения гласит: вы можете достигнуть всего, чего захотите. Сказки? Басни? Ничуть. Это не моя выдумка, об этом написано много трудов и снят не один документальный фильм.

Закон притяжения — могуществен-ная сила, квантовая физика и до-казанный научный процесс. Он дей-ствительно работает, а наши мысли действительно обладают способно-стью формировать пространство во-круг себя. С помощью них человек способен управлять жизнью и про-граммировать ее. Мысль — это вол-на, а мозг — генератор. Генерируя мысль, мозг посылает ее в простран-ство. Чем сильнее эта мысль, тем больше у нее притяжение.

Мы не вправе спорить с природой, мы можем только применять или не применять этот закон на практике. Надо тренировать силу мысли каж-дый день, не отлынивая. Помните пункт про позитивное мышление? Это именно оно. Кто говорил, что будет просто? Не я! Но то, что будет интересно, обещаю железно.

"

На королеву хотят равняться, быть рядом, у нее учиться, но быть такой очень непросто, потому что самый серьезный ответ она держит перед собой — своей душой, совестью и честью.

#АффирмацииОм

ТРЕНИРОВКА СИЛЫ МЫСЛИ

1. Фиксируйте свои желания

Сначала на бумаге: вам надо завести дневник желаний. Купите красивый блокнот, не пишите в нем ничего, кроме тренировочных упражнений. Создайте в телефоне папку, сохраняйте туда «картинки мечты» и просматривайте каждый вечер перед сном. Потом, когда навыки прокачаются, можно использовать заметки в телефоне. Сверхуровень — просто сосредоточиться, подумать и получить (даже не записывая).

И важное: элементарное желание надо писать В НАСТОЯЩЕМ ВРЕМЕНИ (например, «я получаю огромный букет цветов»). Подробнее об этом рассказано в разделе практик.

2. Визуализируйте процесс

Сосредоточьтесь на своей мысли, отправьте ее в космос, представьте этот процесс в голове. Вот вам картинка, держите ее в своем разуме, когда закрываете глаза и визуализируете процесс отправки мысли.

3. Настраивайтесь

Вам нужно поймать подходящую, ненапряжную волну. Мысль должна сопровождаться приятным волнением. Прочувствуйте ее, представьте, что ваше тело радостно дрожит. Представьте себе, как будто ваше желание уже исполнилось. Помните, что Вселенная не имеет временных рамок.

СЕКРЕТИК

Еще у меня есть личный тайный метод, который работает идеально. Безвозмездно делюсь!

1. Закрываю глаза, направляю мысленный взор в сторону третьего глаза (середина лба), там представляю свое желание и концентрируюсь на нем. Как можно больше деталей и конкретики.

2. В зоне темечка (тоже сильнейшая энергетическая зона в нашем теле) представляю Вселенную.

3. Мощной силой энергетического потока выталкиваю мысленно этот «визуализированный объект желания» из области третьего глаза в зону темечка.

4. Отправляю со скоростью света вверх во Вселенную и представляю, что оно уже исполнилось.

5. Жду.

4. Забывайте!

Да-да, после этого вам надо забыть о том, что так страстно просили. Сложно, да, но постарайтесь. Вы не должны сбивать Вселенную своими переживаниями и тревогами! Сомнения — главный враг, которого надо искоренить. Не переживать — совсем непросто, это работа над собой и своими мыслями. Но вот если желание сложное, то время от времени к нему можно возвращаться. Когда вы в хорошем расположении духа — обдумывайте, лелейте, представляйте и предвкушайте в деталях.

Никогда не начинайте работать над своими желаниями в плохом настроении. Сила притяжения работает именно так — необходимое в нашу жизнь притягивают сильное желание и яркие положительные эмоции.

Важно: чем сильнее развита ваша женская энергия, тем легче вы будете посылать мысли в космос, тем быстрее и точнее они будут исполняться. Поверить — полдела, научиться отправлять и заряжать свои послания — куда сложнее, для этого нужна поистине сильная энергия. Этому мы будем учиться в разделе практики.

МОЙ ОПЫТ

Когда у меня еще не было своего бренда, я любила мечтать о том, как все начнется. Как я буду работать дизайнером, участвовать в модных показах и продавать одежду под своим именем. Желаний было много, но понятия, как все реализовать, — никакого. Я просто практиковала свой способ материализации желаний. Не думала о том, как это сделаю или с чего начну, просто восхищенно желала.

И все происходило само собой! Как по волшебству, находились люди, которые делали мне предложения, абсолютно из ниоткуда. Пазлы складывались один за другим. Конечно, я никогда не упускала возможностей. Рассматривала любые предложения и читала все знаки Вселенной. А в какой-то момент рискнула и приняла предложение о совместном сотрудничестве от одного ателье. Так и начался мой путь дизайнера.

Я мечтала, что мои платья будут радовать женщин, делать их счастливыми и самыми красивыми. Что именно в них с ними будут происходить судьбоносные изменения в лучшую сторону, что они будут помогать им притягивать успех и ждать свою половинку. Что платья будут заряжены моей позитивной энергией. Так и вышло: спустя годы мне рассказывали истории, что мужчины не сводили глаз с женщин в моих платьях, не давали им прохода. В самых закрытых костюмах с ними творились чудеса, происходили интересные знакомства и события. Все потому, что каждое платье я действительно заряжала, все индивидуально пошитые — примеряла, вкладывала в создание душу. В них оставалась частичка моей энергии, которая обладает огромной силой. Я в этом не сомневаюсь.

Поэтому еще раз акцентирую ваше внимание на двух важных правилах:

1. Нельзя отказываться от предоставленных возможностей. Знайте, что вы их сами притянули, это ваши запросы во Вселенную. Главное начать, и все само собой сложится.

2. Ваше желание должно быть исполнено только во благо себе и другим. Вам необходимо продумать, как именно оно сразу или со временем поможет людям.

Наши любимые аффирмации тоже работают благодаря силе мысли. Но заметьте, если мы читаем аффирмации о любви и гармонии и при этом держим на кого-то обиду, злость, злословим или сплетничаем, то никогда не добьемся желаемого эффекта. Это же правило распространяется на аффирмации о богатстве. Если мы просим изобилия, но насыщаем сознание бедностью, говорим о ней,

слушаем, смотрим фильмы, то наше внимание настраивается неверно. Сколько бы раз мы ни повторяли эти неосмысленные слова, ум фокусируется на другом. Это бесполезная трата времени.

Запомните: то, чем наполнено ваше сознание, проявится в вашей жизни в виде людей, событий и вещей.

Поэтому нужно действовать: планировать будущее, но одновременно анализировать текущую ситуацию и менять декорации. Окружайте себя положительными моментами, людьми, фильмами, книгами. Если потребуется — меняйте жизнь на 360°. Не бойтесь, все окупится. Счастье — это ваш выбор. Счастье — это кропотливая работа.

Мысли, повторяемые изо дня в день, становятся убеждениями. Убеждения формируют внутренние образы и реальность. Образы влияют на чувства и эмоции, а те отвечают за закрепление привычек и шаблонов поведения. Вы можете стать тем, кем захотите, где бы вы ни жили и в какой бы семье ни родились.

Еще важно помнить, что тело — отражение нашего внутреннего мира. Если мозг пропитан мрачными мыслями, организм просто не сможет функционировать должным образом. От отравленного сознания идут болезни. Негативные мысли, которые разрушают разум, будут разрушать и тело. Поэтому душевное здоровье главенствует над физическим. Поэтому в процессе очищения разума, избавления от разрушающих мыслей вы устраните не только психологические блоки, но и физические недуги. Ваше здоровье автоматически начнет приходить в норму. Конечно, нельзя отрицать медицину и помощь врачей! Но базис нужно создавать в голове.

Сила слова и мысли удивительна. Наполните свою жизнь положительными утверждениями и формулировками, и вы заметите, как возвысится разум, сердце наполнится любовью, а тело — молодостью. Вместе с внутренними изменениями переменится взгляд, появится мягкость. Глаза засверкают, голос станет нежнее, а речь — спокойнее.

Если вы в начале своего пути к совершенному сознанию, будьте готовы к постоянной борьбе между темными и светлыми идеями, хорошими и скверными мыслями. Помните, что негативные мысли провоцируют дисбаланс во всех сферах. Помните, что, научившись управлять своей силой мысли, вы станете счастливее и получите жизнь своей мечты.

ПАДЕНИЯ И ТЯГОТЫ

Была ли у вас в жизни ситуация, после которой вам не очень-то и хотелось жить? Или вы не понимали, КАК жить дальше и зачем? Например, без определенного человека? Или при потере любимой работы? Но потом, спустя годы, вы возвращались к той ситуации и думали: слава богу, что это произошло именно тогда.

Знакомая для всех картина: разрыв отношений. Вас оставили, вам плохо, вы этого не хотели. Но по прошествии какого-то времени становится ясно: этот человек просто открыл вам путь!

Когда мы растворяемся в своих страданиях и клянем Господа за испытания, он смотрит на нас как на капризных детей. Ведь ему виден весь наш путь, и он точно хочет для нас самого лучшего. Нужно проявить терпение и смирение, с пониманием (если уж не с благодарностью) принять все тяготы, которые он нам посылает. Потому что однажды эти тяготы могут оказаться теми самыми подарками судьбы, о которых мы так мечтаем.

Великая сила проявляется в смирении и прощении. Вам могут делать больно, с вами могут обходиться несправедливо, обманывать, предавать, оскорблять и клеветать. Вы можете плакать, мучиться, страдать. Но ваша сила в том, чтобы встать и пойти дальше. Не мстить, не оскорблять, а принимать ситуацию как есть и делать небольшое усилие, чтобы полностью ее отпустить. Однажды после этого в душе воцарится ощущение неимоверной легкости и ликования. После таких испытаний можно научиться понимать каждого, понимать причины злости, ненависти, зависти.

Если в вашей жизни происходит что-то неприятное, возможно, вы нуждаетесь в этом здесь и сейчас. Если в нее пришли определенные люди, возможно, так и надо, возможно благодаря им вы станете лучше. Мы можем страдать рядом с такими людьми, конфликтовать, ссориться. Но это тоже уроки, верно? Не всегда мы готовы принять ситуацию такой, какая она есть. Часто эгоизм, гордость или другие не самые приятные личные качества не дают нам развиваться. Мы находимся в некой ловушке собственных взглядов, но это и есть те самые испытания. Именно за них в будущем вы будете благодарны! Истинную красоту алмаз обретает, только пройдя огранку.

Важно не критиковать ни себя, ни других, потому что критика нас губит и разрушает. Все, что мы говорим плохого о других, липнет к нам.

«ВАША СИЛА В ТОМ, ЧТОБЫ ВСТАТЬ И ПОЙТИ ДАЛЬШЕ. НЕ МСТИТЬ, НЕ ОСКОРБЛЯТЬ, А ПРИНИМАТЬ СИТУАЦИЮ КАК ЕСТЬ И ДЕЛАТЬ НЕБОЛЬШОЕ УСИЛИЕ, ЧТОБЫ ПОЛНОСТЬЮ ЕЕ ОТПУСТИТЬ».

Очень важно свести к минимуму обиды на людей. Обиженная женщина всегда тяжелая, и дела у нее идут тяжело, она мнительна и раздражена. В таком состоянии она не сможет никому раскрыть свое сердце, довериться и ощутить любовь.

Помимо прочего, стоит работать с накоплением энергии. Как это делаю я?
1. Оставляю все дела, хотя бы на некоторое время. Нет, я не бегу от проблем, я просто расслабляюсь: внутренне и внешне, духовно и телесно. Благодаря этому энергии начи-

нают протекать свободнее и решение приходит гораздо быстрее. Когда мы в напряжении, то перекрываем связь с окружающей нас энергией и все воспринимаем иначе.

2. Закрываю глаза и стараюсь почувствовать, в какой точке тела больше всего скопилось напряжения. Нахожу эту точку, осматриваю со всех сторон, изучаю.

3. Тянусь, делаю вдох, выдыхаю и одновременно с выдохом мысленно вырываю этот «комок напряжения». Чувствую, как все веточки и частички этого комка выходят из моих частей тела.

4. Говорю своему сознанию, что все разрешится и будет очень хорошо.

5. Заполняю это энергетическое пространство внутри. Наполняю его теплом и приятными мыслями. Это нелегко, но именно это и есть работа с сознанием. Делаю все медленно и осознанно, сосредотачиваюсь на своих ощущениях, стараюсь сделать их приятными.

6. Повторяю этот прием регулярно, внимательно и досконально представляя все ответвления «комка напряжения», который из меня выходит. Не оставляю внутри никакой неприятной энергии.

Старайтесь доверять миру, знайте, что Вселенная всегда вам поможет и никогда не оставит.

Разум

РАЗВИТИЕ

Впервые осознанно и регулярно мы начинаем получать информацию в школе. И именно там взрослые совершают ключевые ошибки с нашим образованием — за нас. Если вы еще учитесь в школе или отправляете туда своих деток, пожалуйста, не потребляйте и не заставляйте потреблять знания из-под палки. Ничего хорошего из этого не выйдет.

Если какая-то из дисциплин не идет — не надо заставлять, мучить и тем более наказывать ребенка. В мире столько всего, что можно изучать, столько плоскостей, в которых можно развиваться. И если речь идет о девочке, то это, конечно, целое поле творческих экспериментов.

В чем важно попробовать свои силы (и силы своей дочери)?

1. Музыка и вокал

2. Рисование и скульптура

Эти два пункта стоят первыми не случайно. Для девочки очень важно развивать ее женские направления, понять, что ей хочется, что нравится. Но при этом нельзя забывать и про другие дисциплины, потому что надо быть всесторонне развитой.

Не слушайте тех, кто говорит вам, что «нахвататься по верхам» — это плохо. Это не «нахвататься по верхам», это «всесторонне развить ребенка». А то, что пригодится ему в профессии, он сам найдет и сделает на это упор.

Мне в детстве, например, очень нравилось рисование (оно развивало воображение и приносило удовольствие) и скульптура (я обожала лепить из пластилина женские фигуры, создавать им идеальные формы: тонкую талию, красивый бюст). Как видите, это очень пригодилось мне в жизни 🍭.

3. Хореография и спорт

4. Литература

По поводу последнего пункта я хочу сказать отдельно. Для девочки очень важно читать классическую литературу, не пустую, не бульварные романы, а добротную мировую классику. Она дисциплинирует мысль и облагораживает речь. Я предпочитаю зарубежную, очень люблю Фицджеральда и Митчелл. Вам важно найти свое.

Стоит учиться только тому, что вас вдохновляет. Потому что когда нас что-то вдохновляет, мы заряжаемся энергией. А когда делаем что-то через силу, теряем ее. Поэтому надо ходить на тренинги по тем отраслям, которые вам интересны, читать интересную и полезную литературу, биографии успешных людей, вдохновляться этим.

И уж точно всем нам, как настоящим и будущим мамам, нужно помнить, что развитие наших детей — это развитие всего человечества. Поэтому к воспитанию дочерей и сыновей надо относиться очень внимательно. Мозг ребенка формируется до трех лет. Именно до этого возраста он впитывает всю основную и самую важную информацию. Вам может казаться, что он еще ничего не понимает, но это не так. Его очень важно сейчас хвалить, не ругать и не блокировать его стремления реализоваться.

«НЕ СЛУШАЙТЕ ТЕХ, КТО ГОВОРИТ ВАМ, ЧТО «НАХВАТАТЬСЯ ПО ВЕРХАМ» — ЭТО ПЛОХО. ЭТО НЕ «НАХВАТАТЬСЯ ПО ВЕРХАМ», ЭТО «ВСЕСТОРОННЕ РАЗВИТЬ РЕБЕНКА».

МОЙ ОПЫТ

У меня в аттестате было всего две четверки, но это совсем не значит, что каждый предмет в школе доставлял мне удовольствие. Меня заставляли учиться, и многие предметы я учила и сдавала из-под палки. Мне, например, никогда не давались математика и геометрия, физика и химия.

Но родители велели, я в ответ на это плакала, все равно не понимала предмет и очень сильно переживала. Считала себя глупой, грустила из-за того, что эти науки не даются, смотрела на своих сверстниц и думала о том, как же мне хочется быть умной. «Почему я не понимаю этот предмет, почему я так отличаюсь от этих умненьких отличниц и тех, кто соображает в математике?» Это ужасное чувство — думать, что с тобой что-то не так, что ты глупенькая.

Спустя годы я поняла, что это неправильная тактика. Не нужно заставлять ребенка заниматься тем, что ему не нравится, что у него не идет. Нужно обращать вниминие на те направления, к которым он тянется, на уровень его энергии, на его пол. Особенно важно учитывать, что развитие девочек должно быть связано с женственностью.

Учеба из-под палки привела к тому, что осознанно потреблять информацию я начала, только став взрослой. Тогда и поняла ценность развития, начала реализовываться. Меня настолько это захватило, что знаний все время казалось мало. Я постоянно думала, что

могу больше, могу лучше. Затем начала читать полезную литературу, учить английский. Приняла решение, что с каждым днем буду становиться только лучше, узнавать что-то новое. Потому что если мы не идем вперед, то идем назад.

В итоге я стала заниматься каждый день английским, наняла репе-

титора, который приходил ко мне домой. Стала смотреть сериалы с субтитрами, и если какое-то выражение было непонятно, сразу записывала его в словарь. Потом установила приложение, которое каждый час выводило на экран телефона разные новые слова, помогая учить их и расширять словарный запас.

А ведь, помимо учебы, есть еще карьера, и она занимает в жизни огромное место.

ДЕЛО ЖИЗНИ И КАРЬЕРА

Самореализация дает женщине силу и восполняет утраченную энергию! Она нужна нам как воздух. Если женщина не нашла себя — она не до конца раскрылась, не реализовала свой великий потенциал! А я верю, что у каждой женщины он великий, потому что мы — скопление энергии и можем просто все! Главное — суметь грамотно направить эту силу. По закону Вселенной мы все обладаем талантом и посланы в этот мир в том числе и для того, чтобы его открыть! Поэтому никогда не оставайтесь там, где не нравится, не занимайтесь тем, чем вам не хочется.

Прежде чем вы начнете строить карьеру, стоит понять и запомнить главное правило: нужно выбирать именно ту сферу, в которой вам будет действительно приятно работать. То занятие, к которому лежит душа. Потому что если вы будете трудиться с любовью, вкладывать в свой продукт душу и сердце, то вы по-настоящему зарядите себя на успех. Более того, только в этом случае вы сможете найти себя и раскрыть свой потенциал. Самые успешные люди этого мира начинали свои корпорации с одного крохотного выбора. Выбора дела, от которого сердце наполнялось страстью. Только потом оно начинало приносить деньги, потому что богатство не должно становиться целью, оно лишь приятная побочка нашего труда.

Но ведь есть люди, которые ненавидят свою работу, которые жалуются на нее? Да, есть. Но нас никто не заставляет заниматься нелюбимым делом, мы можем ВЫБИРАТЬ. Можно вкалывать как проклятые и получать копейки. А можно изменить выбор или с самого начала сделать его иным.

Вы можете сказать, что мне легко говорить, потому что у меня уже есть дело, которое я люблю. Ну как сказать, отвечу я вам. Не совсем так.

Когда я публикую готовое платье, оно выглядит легко и красиво! Все восхищаются. Но за этой публикацией стоит огромная работа. Я сама езжу на производства, частенько таскаю на себе тюки и рулоны, делаю по много раз примерки исключительно на себя. Это не так чтобы просто, но мне нравится, я занимаюсь тем, что приносит мне удовольствие. Когда вижу хороший результат, я счастлива.

Иногда пишу посты про свою работу, а потом читаю вечерами гневные комментарии. «Да что вы знаете о настоящем труде и работе? Вот мы сидим с семи утра и до вечера! А вы в полдень только собираетесь?» Но ведь дело вовсе не в изнурительном (и притом низкооплачиваемом) труде. Кто сказал, что работа обязательно должна стоить чудовищных усилий и неудобств? Что деньги должны доставаться потом и кровью? Все у нас в голове, мои дорогие, как мы себя программируем, так оно и достанется.

Иногда кто-то пишет: «Олеся — содержанка». Но я с 21 года работаю и бизнес начала благодаря продаже машины. Многим дарят машины, но все по-разному этим распоряжаются. Я могла потерять и автомобиль, и деньги, но мне удалось не только сохранить, но и приумножить. Содержанка — это женщина, которая ничем в жизни не занимается, только паразитирует на партнере и деградирует. Но ведь я уже реализована. И если мой муж ухаживает за мной и дарит подарки — разве это не комплимент?

МОЙ ОПЫТ

Мой секрет успеха в том, что на старте карьеры я поставила перед собой вопрос «что я могу сделать полезного для мира», а не вопрос «что я буду с этого иметь». Потом ответила на него и начала создавать платья. Сначала — только для себя.

Этот процесс меня вдохновлял, мне нравилось подбирать материал, продумывать дизайн (еще бы, ведь я с детства любила рисовать и устраивать домашние показы мод). И тогда я не думала о прибыли, мне просто хотелось шить по собственному эскизу наряды, которых нет ни у кого. Хотелось порхать в длинных шелковых нарядах, хотелось получать комплименты и вопросы, где я приобрела этот чудо-наряд! Так и началось развитие моего бренда.

Потом стала делать платья для девочек. Очень быстро на эти наряды возник хороший спрос, и было бы очень глупо не создать в ответ предложение. Сначала появилось ателье, потом шоурум, теперь — бутик. Был проделан огромный путь. Меня изматыва-

ли закупки, пошивы коллекций, подготовки к неделям моды. Зато теперь мои платья можно отправить в любой уголок планеты. Большинство из них вечерние, но есть и повседневный сегмент, он доступнее и адаптирован к будним выходам.

Сейчас этот бизнес приносит хороший доход, позволяет быть независимой, обеспечивать свои расходы, помогать близким и людям, которые нуждаются в этом. Также я постоянно развиваю Инстаграм. Раньше мне и в голову не приходило, что красивые фото могут приносить прибыль, ведь это тоже своего рода хобби. Зато теперь каждый рекламный пост у меня хорошо оплачивается. Один пост — средний оклад рядового сотрудника в хорошей компании. Несколько постов — гонорар его руководителя.

Я сделала свой выбор, я не хотела получать деньги с помощью нелюбимого и изнурительного труда. Делайте и вы свой. И никогда не слушайте чьи-то упреки.

ТЕОРИЯ

Тело

ЕДА 🍴

Тело — это отражение души, и даже самая красивая девушка не будет по-настоящему прекрасна, если внутри нее живут злоба, зависть, подлость или нелюбовь к себе и миру. Однако не стоит думать и в обратную сторону, будто одной духовной начинки достаточно. Не устану напоминать вам про золотую середину, малышки. Внешность, ухоженность — также очень важны. Одно из главных впечатлений создает наше тело, а главное условие построения хорошего тела — правильное, сбалансированное питание.

То, о чем я расскажу в этой главе, только мой путь. Возможно, он покажется вам правильным, возможно нет. В любом случае — это важно — вам стоит проконсультироваться с врачом перед тем, как экспериментировать со своим питанием.

МОЙ ОПЫТ

Я не склонна к полноте генетически и никогда не была полной, но мне приходилось решать проблемы с целлюлитом и некоторыми болезнями. Помог мне это сделать правильно подобранный рацион, так что закончился этот период уже во взрослом возрасте. А вот начался, само собой, в детстве.

Я выросла на молоке и кашах (очень любила манную) — сплошная лактоза и глютен. На обед жареная картошечка с корочкой, мяско, все это обязательно снова запивалось молочком. На ужин чай с бабушкиными пирожками, тортами или конфетами. Ой, как вкусно было! Тогда мало кто знал о питании столько, сколько мы знаем сейчас, и все это считалось полезным.

Потом я поступила в институт, но режим остался сомнительным: быстрые перекусы, батончики, «Макдоналдс» после занятий. В какой-то момент я поняла, что питаюсь вредной пищей и стала спасаться «Активией», которая ВООБЩЕ не полезна (как минимум потому, что в ней содержится куча сахара). Стало только хуже: начал болеть желудок. Боль не прекращалась, таблетки не помогали, и в итоге меня увезли на «Скорой».

Зато потом я начала прислушиваться к своему организму, консультироваться с врачами по всему миру и следить за тем, что ем.

От питания зависит не только наш внешний вид, но и здоровье. Не новые вещи говорю, правда? Но в современном мире очень трудно есть правильно: много соблазнов, вредных вкусняшек, консервантов! Приходится все тщательно выбирать, постоянно думать о том, что выбрать. Ниже — список продуктов, на который я стараюсь ориентироваться в кафе и в гостях (дома все-таки легче оградить себя от соблазнов). Иногда я делаю исключения (что греха таить), но в целом стараюсь придерживаться своего курса. Итак:

НЕ ЕМ ИЛИ ЕМ РЕДКО ✗

НЕ ЕМ

- мясо и рыба (очень редко) ☻
- грибы (это аллерген) ♠
- натуральное молоко
- консервированные продукты
- фастфуд 🍔
- рис 🍚
- картошка
- слишком жирная или пережаренная еда

ЕМ ✓

- орехи, сухофрукты
- морепродукты на гриле/на пару 🦐
- крупы (чечевица, гречка, киноа) 🍲
- растительное молоко
- творог 1,8—2,5% 🍚
- греческий йогурт 🥛
- яйца
- фрукты и ягоды 🍎
- овощи
- горький шоколад и мед 🍫

Чувствую, что некоторые моменты из левого столбика мне придется прояснить, чтобы не начался бунт на корабле ☺. Но на всякий случай еще раз напомню, что эти правила — только мои правила, и все индивидуально. Тем не менее свои доводы я вам приведу.

ПОЧЕМУ Я НЕ ЕМ

1. Мясо (любое, в том числе курица)

Было время, когда я полностью отказалась от употребления мяса, но из-за падения уровня железа в крови вновь ввела его в свой рацион. Сейчас я ем мясные продукты не чаще раза в неделю. Вопрос о его пользе и вреде спорный; одни врачи рекомендуют и говорят, что это незаменимый источник белка и железа, другие противятся и доказывают, что оно провоцирует рост холестерина в крови, развитие сахарного диабета и стимулирует пробуждение раковых клеток.

Мясо едят хищники, у которых короткий пищевод (чтобы пища быстро по нему проходила) и кислотная среда (чтобы она расщеплялась и быстро усваивалась). У человека же пищевод длинный и менее кислотный, поэтому у нас мясо не усваивается полностью, начинает гнить внутри и зашлаковывает организм. Эти шлаки и провоцируют кучу болезней — от тех, что были упомянуты выше, до внутреннего ожирения (ужасная штука, когда жир обволакивает внутренние органы и закупоривает сосуды).

В вопросе «есть или не есть» я опять же рекомендую проконсультироваться с врачом, самостоятельно изучить вопрос и не перегибать палку.

2. Натуральное молоко (коровье, козье)

В молоке содержится белок казеин. Это очень липкий и чуждый нашему организму элемент. При попадании в кровь он не расщепляется целиком, хотя наш бедный желудочно-кишечный тракт очень старается. Увы, тщетно — казеин все равно всасывается в кровь. Это провоцирует развитие диабета и создает дополнительную нагрузку на почки (из-за того, что выделяется дополнительная кислота желудочного сока).

Ну и очевидная проблема с лактозой. Молоко в нашем организме переваривают не ферменты, а гнилостные бактерии, которые опасны и потенциально токсичны. После того как они переваривают лактозу, она превращается в глюкозу и галактозу. Последняя максимально трудно выводится из организма, откладывается в сосудах и в перспективе вызывает ожирение и сердечно-сосудистые заболевания.

Ну и насчет якобы пользы кальция. Молочный кальций также очень плохо и слабо усваивается нашим организмом, зато опять же откладывается на стенках сосудов и создает камни в почках. Ну и просто информация к размышлению: многие женщины, отказавшиеся от натурального молока, решают свои гинекологические проблемы.

Еще важный момент: животных постоянно обкалывают антибиотиками, дозу которых вы получаете с их молоком. Один из врачей, лечивший как-то мое больное горло, сказал, что причина недуга — добавление молока в кофе и каши по утрам. Это снижение иммунитета и ежедневная порция тех самых лекарств, которыми пичкают коров.

Ну и совсем «мелочи» по сравнению со всем написанным: молоко задерживает жидкость, плохо усваивается, вызывает воспаления и провоцирует целлюлит. Последний, кстати, у меня ушел ТОЛЬКО после того, как я прекратила пить натуральную молочку (это была настоящая напасть, с которой не могла совладать ни одна из процедур).

Теперь я заменяю натуральное растительным (дома иногда делаю миндальное: полстакана орехов на стакан воды). Сыр выбираю козий, он самый полезный из всех. Творог — только фермерский и только в виде сырников.

3. Консервированные продукты

С отказа от них, кстати, и началось мое оздоровление. Все, что в банках и упаковках, — табу, если это не магазин здорового питания. Газировка, консервы, сладости — плохо, как бы это печально ни звучало. Практически везде химия и медленно отравляющие нас добавки.

4. Фастфуд

Это, конечно, вкусно, но ровно до тех пор, пока вы не адаптируетесь к нормальному питанию и не сбросите счетчик привыкания, на который вас подсадили. Фастфуд обязательно отразится как на весе (что очевидно), так и на здоровье внутренних органов (что вы, возможно, заметите не сразу).

Во-первых, готовка фастфуда всегда предусматривает использование масла. После термической обработки оно выделяет огромный блок канцерогенов (веществ, которые повышают вероятность развития злокачественных опухолей). Во-вторых, фастфуд напичкан химическими добавками, именно благодаря им он такой вкусный. В-третьих, там очень много жиров и сахара, но абсолютно нет ни витаминов, ни минералов. Животные жиры плохо влияют на сердце, печень, повышают холестерин, провоцируют развитие онкологии.

В итоге все это дело чревато гипертонией, атеросклерозом (заболеванием артерий), закупорками сосудов, камнями в желчном пузыре, язвами, болезнями почек.

5. Глютен

Глютен — это вещество, которое содержится в большинстве зерновых культур (в первую очередь в пшенице, ячмене, ржи) и продуктах, при приготовлении которых пшеничная мука используется в качестве загустителя (колбаса, майонез, соусы, сгущенка и так далее).

Глютен — клейкое вещество. Попадая в желудок, он склеивает его содержимое и провоцирует воспаления. Критично опасно это только для тех, кто болен целиакией (заболевание пищеварения, которое характеризуется аллергией на глютен). Однако и тем, кто не страдает этим, пользы мало.

Глютен мешает работать кишечнику, мешает усваиваться углеводам, жирам и витаминам, провоцирует набор веса и ухудшение состояния кожи (потому что организму трудно усваивать коллаген). Он виновен в ослаблении иммунной функции, вздутии живота и нарушении пищеварения. Так что лучше быть с ним очень аккуратным.

СИСТЕМА ПРАВИЛ

С продуктами, я думаю, понятно, но это еще не все. Еще у меня есть целая система правил, которые касают-

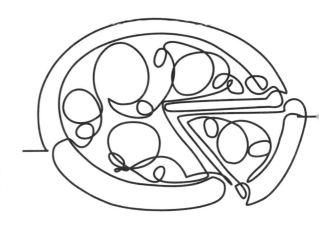

ся пищевых и поведенческих привычек. Им я также стараюсь следовать (и также иногда нарушаю, потому что в женщине должна быть маленькая слабость, вы согласны, девочки? ☺). Они делятся на базовые, полезные и вредные.

Базовые

1. Банальное, но важное — пить воду, минимум два литра в день.

2. Есть небольшими порциями и тщательно пережевывать пищу, какой бы они ни была. Это, конечно, очень сложно, но я стараюсь.

3. Углеводы и белки стараться есть отдельно друг от друга, разводить по разным приемам пищи.

4. Пить соки из овощей, но не больше двух стаканов в день, потому что в соках много фруктозы.

5. Пить кофе только по особым случаям — на важных встречах, когда нужно принимать решения или что-то придумывать. После него организм чувствует себя возбужденным, поэтому я не перебарщиваю. С другой стороны, в это же время мозг начинает работать в ускоренном режиме и на ум приходит куча новых идей.

Полезные

1. Пить воду только из стеклянных бутылочек

Пластик токсичен. В бутылочном пластике содержится вещество бисфенол — синтетический аналог женского полового гормона. Он проникает в воду, а с ней — в организм человека. Когда вы пьете воду из пластиковой тары, вы увеличиваете содержание бисфенола в организме. Во-первых, это общая интоксикация организма. Во-вторых, это ухудшает гормональный фон и провоцирует развитие рака груди у женщин и негативно сказывается на их репродуктивной функции. Что касается беременных, то для них это вдвойне вредно: пострадает не только она, но и ребенок (он может появиться на свет с врожденными дефектами, в том числе с нарушениями сердечно-сосудистой системы).

В ресторанах вода в стекле продается повсеместно, поэтому с этим проблем нет. С магазинами ситуация хуже, по-

этому я приучила себя всегда брать в сумочку стеклянную бутылочку с водой. Тяжело, но это забота о здоровье.

2. Дезинфицировать

Я обожаю чистоту, да что там чистоту — стерильность. В сумке у меня всегда есть либо дезинфицирующий гель, либо дезинфицирующие влажные салфетки. Дома после улицы — обязательно мытье рук.

Очень важное, но неочевидное — обработка телефона. Я протираю его спиртом несколько раз (чехол, корпус, экран), потому что там КУЧА бактерий. Больше, чем на дверной ручке (и в 18 раз больше, чем на кнопке сливных бачков в общественных туалетах). И это не просто какие-то условно вредные бактерии, там можно легко подцепить кишечную палочку, сальмонеллу и золотистый стафилококк (он вызывает очень неприятные кожные инфекции как минимум). А ведь мы тащим телефон в постель, прислоняем к лицу. Ужас.

3. Принимать таблетки только в исключительных случаях

То есть редко. Раньше я закидывалась пригоршнями лекарств при любой удобной ситуации. Голова чуть разболелась — таблетку. Желудок кольнуло — таблетку. Препараты для похудения, блокаторы калорий. Вредило ли это моему организму? Очень.

Таблетки могут привести к поражению отдельных систем желудочно-кишечного тракта, очень сильно портят слизистую желудка. Куча таблеток лечит одно, но калечит (пусть и не сразу, пусть и незаметно) другое. И вы снова идете в аптеку, чтобы опять потратить деньги, опять купить новое лекарство.

Как только я прекратила пить таблетки по каждому удобному случаю, иммунитет стал куда сильнее. Сейчас принимаю только нужные организму витаминные комплексы по назначению врача.

4. Оставлять себе право на срыв

Читмил — это планируемое послабление в еде раз в неделю (или в другой, более длительный период времени). Читмил разгоняет функции щитовидки и разгружает желудочно-кишечный тракт от лишнего белка.

Несмотря на то (а точнее, даже благодаря тому) что я следую правильному питанию, в моем календаре всегда есть день, в который я могу себе позволить съесть все, что угодно. Так организм не думает, что я ему что-то запрещаю, не впадает в стресс и не хочет быстрых углеводов.

Если у вас более или менее серьезные проблемы с лишним весом, то читмил лучше устраивать не чаще раза в две-три недели. Если процент жира не критичный, можно позволить себе его раз в неделю.

5. Есть натуральные масла

Это улучшает пищеварение и самочувствие, по крайней мере, если речь идет о кокосовом и льняном маслах. С первым я познакомилась, когда была беременна и не хотела, чтобы в организм попадали лишние бактерии. Второе помогает не переесть. Итак, два моих «масляных ритуала».

· Ритуал 1.

Встаем, идем на кухню, берем ложечку самого хорошего (холодного отжима) кокосового масла и держим ее во рту в течение десяти минут. Зубы становятся белее, дыхание свежее, кожа сияет, а пищеварение улучшается. После этого идем чистить зубы, затем выпиваем маленькую бутылочку воды, через полчаса завтракаем. Так ваш организм запускается, готовится к работе в течение дня.

· Ритуал 2.

Берем столовую ложку льняного масла, выпиваем, спокойно идем на застолье. Держит аппетит в узде и обволакивает стенки желудка. Натощак тоже хорошо — улучшит работу ЖКТ, состояние кожи, избавит от отеков и облегчит ПМС.

6. Есть суперфуды

То есть продукты, в которых гораздо больше витаминов и минералов, чем в обычных. Вот только действительно ощутимую пользу организму они приносят, только когда вы их регулярно едите/пьете. Зато неоспоримые плюсы: натуральность, никаких дополнительных обработок и противопоказаний. Сами по себе они не очень вкусны, зато отлично подходят как ингредиент для других блюд.

Суперфуды, которые люблю я:

— мака перуанская (продается в виде порошка растения; повышает выносливость, поддерживает щитовидку, гормональный баланс, нормальную сексуальную функцию, повышает иммунитет, поддерживает надпочечники).

— ягоды асаи (очень много витаминов, минералов, антиоксидантов — антоцианов и полифенолов);

— ягоды годжи (еще один лидер по содержанию антиоксидантов, известных еще тибетским монахам; содержат огромное количество ценных витаминов и микроэлементов);

— витграсс (это молодые зеленые побеги пшеницы, которые способствуют омоложению организма и помогают держать организм в тонусе);

— спирулина, хлорелла (водоросли, которые способствуют снижению а, улучшают метаболизм, зреработу сердца и нормали-

зуют центральную нервную систему; я их добавляю в зеленые смузи);

— ваниль стручковая (стручки сорта «Бурбон» собираются и высушиваются определенным образом, долго и бережно; используются в качестве естественного возбудителя и стимулятора мышечной деятельности; аромат и полезные свойства несравнимы с искусственными заменителями);

— семена чиа и льна (лен обязательно дробить, иначе он не усваивается);

— орехи (они снижают риск заболевания коронарной недостаточностью, уменьшают концентрацию холестерина, благотворно влияют на работу сердца. Мой любимый сорт — макадамия, он содержит эфирное масло, насыщенное витаминами B и PP. Также часто ем миндаль, кедровые и грецкие орехи. Важно, чтобы они были сушеными (то есть сырыми, а не жареными).

Помимо этого я добавляю в каши все виды семян (льна, кунжута), сухофрукты и веганский протеин.

7. Пью смузи

Кладезь витаминов и вкусняшка — два в одном. Лучше пить смузи в первой половине дня, поэтому я это делаю между завтраком и обедом (при этом не забываю добавлять в них всевозможные любимые суперфуды и обязательно — коллаген). Вот вам три моих любимых авторских рецепта (в каждом надо будет смешать ингредиенты между собой в небольших пропорциях, по вкусу).

ИНГРЕДИЕНТЫ

1. PINK PASSION ⁍

- *Ваниль стручковая*
- *Банан*
- *Голубика*
- *Красная смородина*
- *Малина*
- *Золотой киви*
- *Ягоды ассаи в порошке*
- *Кокосовое молоко*
- *Миндальное молоко*
- *Два чернослива*
- *Два финика*
- *Семена чиа, замоченные с вечера*

2. GREEN ⚘

- *Авокадо*
- *Киви*
- *Банан*
- *Шпинат*
- *Яблоко*
- *Сельдерей*
- *Зеленая спирулина — чайная ложка без горки*
- *Чай матча — чайная ложка без горки*
- *Кокосовое и миндальное молоко*
- *Мед (чуть-чуть)*

3. LOVE ❤

- *Манго*
- *Банан*
- *Авокадо*
- *Ягоды годжи*
- *Миндаль*
- *Мака*
- *Вегинский протеин*
- *Кокосовое молоко*
- *Вода*

Вредные

1. Мыть посуду в посудомоечных машинах

Один лондонский доктор настойчиво рекомендовал мне этого не делать, а если делать, то тщательно ополаскивать посуду повторно, без таблетки. Потому что она до конца все равно не смывается, какой бы хорошей ни была ваша кухонная техника. Эта химия потом попадает нам в желудок, и ничем хорошим это для него не заканчивается.

2. Пить гормональные таблетки

Увы, это правило мне пришлось проверить на себе — от противного. Я пила эти таблетки — «Ярину» и «Джес», больше того скажу — мне их прописывали врачи, чтобы восстановить цикл. И я слепо доверяла, пила и даже представить не могла, какой чудовищный урон они наносят женскому организму. Из-за них у меня ВООБЩЕ перестало вырабатываться желтое тело.

Желтое тело образуется в яичнике после овуляции и отвечает за выработку гормона прогестерона. Этот гормон вместе с другими веществами отвечает за сохранение возникшей беременности. После этих таблеток я не могла забеременеть, была уверена, что дело во мне, и даже подыскивала врача для ЭКО. Слава богу, что все восстановилось, когда я прекратила их принимать. Так что очень прошу, девочки, дважды подумайте, прежде чем покупать их.

3. Есть в самолетах

Вздутие живота и газы, привет! Чай и кофе в самолетах разводят простой водой из водопровода (а это бактерии), продовольствие хранится долго, еду готовят таким образом, чтобы ее можно было по нескольку раз заморозить и разогреть. Никакой пищевой ценности в этих блюдах нет. Поэтому теперь я всегда стараюсь поесть до полета, хотя раньше обожала самолетную еду (во многих бизнесах она очень вкусная). А вот пить во время перелетов нужно (потому что организм обезвоживается).

ВИТАМИНЫ, АНАЛИЗЫ, АПТЕЧКА

ВИТАМИНЫ И ДОБАВКИ

Очевидно, что витамины ОЧЕНЬ нужны организму, потому что хоть они и не дают ему энергию как белки, жиры и углеводы, но при этом делают кучу других очень важных дел: улучшают ЦНС, иммунитет, обмен веществ, нейтрализуют токсины и тормозят старение. Список можно продолжать бесконечно или просто свести к двум пунктам: они делают нас здоровее и красивее.

Но тут есть очень важный момент: витамины нельзя принимать бездумно, просто начитавшись разных блогов, журналов и советчиков. Мы все очень разные, и показания у нас тоже разные, потребности каждой женщины строго индивидуальны. Я пила без консультаций с врачом только омегу, коллаген и общий витаминный комплекс, который точно не повредит. Все остальное — исключительно витамины, показанные по моим анализам.

Мои ежедневные друзья — омега, коллаген и витамин Д. Покупаю их либо в Европе, либо на iHerb (и это не реклама). Там препараты очень хорошего качества, и шанс наткнуться на подделку практически равен нулю. Еще одна важная добавка — препараты, содержащие пиколинат хрома. Он помогает отвыкнуть от сладкого, так что если вы (как и я) любите поесть десертиков после основного приема пищи, стоит взять этот способ на вооружение.

«ВИТАМИНЫ НЕЛЬЗЯ ПРИНИМАТЬ БЕЗДУМНО, ПРОСТО НАЧИТАВШИСЬ РАЗНЫХ БЛОГОВ, ЖУРНАЛОВ И СОВЕТЧИКОВ».

Но любые витамины и добавки можно принимать только после консультации с врачом и сдачи анализов. Это ваша ответственность перед собой, и я надеюсь, что вы ничего не станете покупать и пить бездумно.

АНАЛИЗЫ

Я сдаю анализы каждые полгода, мне это нравится и доставляет удовольствие. За состоянием организма необходимо следить постоянно, чтобы вовремя скорректировать индивидуальный витаминный комплекс. Узнавать, что ты здорова, приятно, согласитесь ☺.

Помимо этого, надо помнить, что мы все находимся в зоне риска как минимум потому, что едим в ресторанах. Заведения общепита (даже самого дорогого) — всегда загадка. А вдруг повар не помыл руки после, простите, туалета? А вдруг в еду что-то попало? А вдруг еще что-нибудь случилось, а вы об этом не узнали и съели принесенное блюдо? Лучше перестраховаться.

Я советую немного потратиться, но пройти определенный набор процедур, чтобы вовремя отследить возможные проблемы. После них станет понятно, в каком состоянии находит ваш организм. Если найдутся дефициты, врач сможет посоветовать, как устранить их с помощью хороших, качественных и профессиональных биодобавок (и, само собой, правильного питания и здорового образа жизни).

МОИ РЕКОМЕНДАЦИИ:

1) *гормоны щитовидной железы: ТТГ, Т 3, Т 4 свободный, Анти ТПО, Ат ТГ;*

2) *кортизол;*

3) *прогестерон, эстроген, пролактин, тестостерон по циклу — до овуляции, овуляция, после овуляции, АЛТ, АСТ, билирубин;*

4) *общий холестерин, мочевая кислота, креатин;*

5) *общий анализ крови с лейкоцитарной формулой, СОЭ;*

6) *ферритин;*

7) *общий белок;*

8) *гомоцистеин;*

9) *витамины группы В;*

10) *витамин Д (25ОН);*

11) *кальций, медь, селен, марганец;*

12) *Б12, Б9;*

13) *инсулин, триглицериды;*

14) *копрограмма кала;*

15) *анализ по Осипову (хромато-масс-спектрометрия);*

16) *УЗИ всех органов.*

АПТЕЧКА

МОЙ ОПЫТ

Однажды мы с супругом поехали в Канны и остановились в одном из самых лучших отелей — Martinez. Местные завтраки вскоре надоели, и как-то утром мы решили пойти в кафе напротив. Оно было популярным, явно местным, большинство клиентов — французы. Нам показалось, что этого достаточно, а еда тут наверняка свежая. Ну что могу сказать: это было не так.

Мы заказали на завтрак стандартный набор: омлет, апель-

синовый сок, корзинку с круассанами. Сказать, что мы отравились — ничего не сказать. Расстройство желудка, рвота. Я безумно испугалась и думала, что умру. Сервис во Франции ужасный; мы готовы были заплатить любые деньги, но врач, которого вызвал консьерж, приехал только спустя несколько часов, сделал укол и дал таблетку, чтобы прекратить рвоту. Все. Никаких лекарств, которые впитывают ядовитые для организма вещества. Никаких фильтрума, энтеросгеля или регидрона (который восполняет утраченный запас жидкости). С тех пор эти три лекарства навсегда прописались в моей походной аптечке.

Другой случай в тех же Каннах, во время недели Каннского кинофестиваля. На одном из мероприятий я переела сашими лосося. На выходе из здания началось удушье, онемели руки, началась резкая боль в центре желудка. Я упала. Тут же подбежали люди, стали звать на помощь. Я просила вызвать «Скорую», было безумно страшно потерять сознание и не успеть объяснить врачам, что со мной. Вдруг это опасно и нужно срочно принимать меры? Паника захлестывала волнами, пока я внезапно не поняла: в сумочке лежит таблетница.

Дальше — спасительный набор действий. Панически вываливаю все на землю, перебираю лекарства, наконец нахожу две заветных таблетки «Фильтрум-сти», выпиваю. Через десять минут мне становится лучше. Привычке носить с собой необходимый минимум лекарств я осталась благодарна как никогда.

Очень советую завести эту привычку и вам.

Список препаратов, которые я рекомендую брать с собой в поездку и, по желанию, в сумку (надо обязательно проконсультироваться перед этим с врачом об индивидуальной непереносимости составляющих):

СПИСОК ПРЕПАРАТОВ

1. *Фильтрум*

2. *Энтеросгель*

3. *Регидрон*

4. *Нурофен*

5. *Спазмолгон*

6. *Маалокс*

7. *Ренни*

8. *Фильтрум-сти*

9. *Омега*

10. *Куркумин*

11. *Коллаген*

12. *Спирулина*

13. *Digest Basic (альтернатива «Мезиму», который не так уж и полезен)*

СЕКРЕТИК

№ 1

Если чувствуете, что заболеваете, пропейте витамин С + цинк. Выравнивает без шуток.

№ 2

Если чувствуете, что перепили на вечеринке — пропейте 2 ложки полисорба + 3 стакана воды + витамин В. Поможет с детоксикацией, выведет этиловый спирт. Один раз вечером, один раз утром отличное решение.

СПОРТ

Вашим основным мотиватором в спорте должно стать стремление довести тело до совершенства. Не соглашайтесь на меньшее, потому что только так вы сможете добиваться большего и лучшего, будь то физическое состояние, духовное или материальное. Только ставя большие цели, вы сможете стать лучшей версией себя.

МОЙ ОПЫТ

Я занимаюсь спортом очень давно. В детстве это были акробатика, карате и танцы — родители делали все, чтобы я развивалась здоровой и эластичной. Около двадцати лет пошла на фитнес. Все отговаривали и говорили, что с моей фигурой спортзал необязателен. Но я знала: любую генетику можно испортить, любую красоту надо подтверждать. И если тогда хватало пары раз в неделю, то сейчас необходимо ходить на занятия трижды.

Моя основа — силовые, перерыв в них был только на время беременности. Врач велел ограничиться гимнастикой. Сейчас тренировки пришли в норму. Три раза в неделю: две силовые, одна кардио. Каждое занятие длится час, перед тренировкой разогреваюсь на эллипсе.

Акценты в упражнениях:

1. Попа.   3. Пресс.
2. Ноги.   4. Руки.

Руки. 🖐

Тут главное не переусердствовать. Поговорите с тренером о том, чтобы он подобрал вам упражнения, которые не превратят вас в бодибилдера (или подберите такие упражнения сами).

Пресс.

Мне не очень нравится, когда у женщины на животе кубики, это забирает женскую энергию. На мой взгляд, женский животик должен быть стройным, подтянутым, с полосочкой посередине. С другой стороны, если кубики у вас врожденные, то делать с ними ничего не нужно. Природе виднее.

Упражнения на пресс делаю с утра натощак, дополняю вакуумом. К нему пристрастилась после беременности, очень полезно и действенно. Залог вашего плоского животика.

Попа. 🖤

Тут я даю себе полный простор, чтобы ягодицы выглядели эффектно. Много лет на них что только не наговаривали — и импланты, и жир. Когда я писала правду — про то, что дело в спорте и генетике, никто не верил. На это могу сказать только одно: некоторым проще верить в какие-то сказочные представления о мире, чтобы как-то оправдывать слабости. При этом оговорюсь: у моей попы с юности была хорошая форма, поэтому мне удается сохранить баланс «круглая попа и тонкие ноги». Такого дуэта добиться и в спорте проблематично.

А теперь пришло время моих любимых упражнений. Делюсь от всего сердца и желаю вашей попе совершенства!

"

Женщина побеждает без войны, и сила женского ума в несколько раз сильнее мужского.

1. Приседы. Чередуем разные виды — со штангой на плечах, с гантелей, без веса. 20 раз по 3 подхода.

2. Выпады. Делаем именно после приседаний, чтобы получить максимальную пользу. Я выполняю с весом 3—5 кг. Важно: угол между бедром и голенью — 90°. 15 раз по 3 подхода.

3. Махи с согнутой ногой. Вбок, вверх, вверх в колене. Каждый вид 15 раз по 3 подхода. Также с утяжелителями.

4. Подъем таза. В наивысшей точке задерживаемся на несколько секунд, сжав ягодицы. 30 раз по 3 подхода.

НЕ СОВСЕМ ПРО СПОРТ

Помимо занятий, важно поддерживать состояние своего тела другими методами. Я рекомендую массаж сухой щеткой, массаж общий, контрастный душ и увлажнение тела.

1. Массаж сухой щеткой с натуральным ворсом

Круговыми движениями растираем ноги: от стопы к голени, затем к наружной части бедра. Затем верхнюю части грудной клетки: от центра к плечам. Руки от запястий к плечевым суставам. Благодаря рисунку массажа начинается отток лимфатической жидкости. В перспективе исчезают растяжки и рубцы, целлюлит, очищаются поры, подтягивается кожа.

Противопоказания: болячки и ранки, воспаления, варикоз, родинки и папилломы, температура, болезнь.

2. Массаж общий

Ручной или аппаратный, антицеллюлитный, спортивный или лечебный. Любой благоприятно отразится на вашем здоровье и организме, а значит, и состоянии тела.

3. Контрастный душ

Чередуйте холодную и горячую воду, отрегулируйте подачу воду до режима средней интенсивности. Круговыми движениями пройдитесь водой от стопы к голеням, к наружной части бедра. Затем от запястий к плечевым суставам. Это улучшает циркуляцию крови, способствует повышению тонуса и упругости кожи.

4. Увлажнение тела

Обязательно пользуйтесь маслами или кремами после душа. Я рекомендую только органическую и натуральную косметику.

НЕ СОВСЕМ ПРО СПОРТ — 2

Многие девочки идут по пути наименьшего сопротивления и подсаживаются на уколы жиросжигателей. Очень вас прошу: прежде чем решиться на это, посоветуйтесь с врачом. Если у вас идеально работают щитовидная железа и органы детоксикации, в полной норме гормоны — ок, проблем может и не быть. Но если вы не здоровы, у вас ОДНОЗНАЧНО будет сбой в работе иммунитета или эндокринной системы. Берегите себя.

ВРЕДНЫЕ ПРИВЫЧКИ ✕

НАРКОТИКИ И ТАБАК

Я не знаю положительных свойств ни первого, ни второго. Их нет. И наркотики, и сигареты по умолчанию вредят вашему организму.

Каждые восемь секунд (и это официальные цифры) в мире умирает один человек от заболеваний, связанных с курением. Каждый год — пять миллионов.

Курящий человек ежедневно вкладывается в развитие десятка болезней, которые рано или поздно дадут о себе знать. Поражения нервной системы, сердечные приступы, инфаркты, рак легких, рак гортани, рак полости рта, рак поджелудочной железы. У женщин, помимо прочего, встает остро вопрос с бесплодием. У курильщиц на 60% выше шанс потерять способность иметь детей — навсегда.

А что наркотики? А они — все вышеперечисленное, умноженное на десять. Все это чревато ВИЧ, гепатитом, различными психическими расстройствами. Я даже не буду затрагивать тяжелые препараты, потому что даже так называемые легкие наркотики опасны и часто — смертельно опасны. Смерть может наступить не когда-то там в перспективе, а в ближайшее время, и не только от передозировки. До этого организм будет систематически угасать.

Можно даже не говорить о психологическом разрушении, потому что речь идет о разрушении вашего тела. Все, что я могу сказать вам про наркотики и курение: бросайте, и как можно скорее. Ничем хорошим это не закончится.

АЛКОГОЛЬ

Тут ситуация не такая критичная. Бокал хорошего красного вина за ужином не только не навредит вам, но и принесет пользу организму. Вино способствует правильному пищеварению, поднимает настроение, улучшает энергетику, раскрывает умственный и творческий потенциал. В паре бокалов по особым случаям нет никакого вреда, главное — не пить, будучи грустной. Алкоголь усиливает эмоции, так что если вам хорошо, он сделает вам еще лучше. Но если грустно, может вогнать чуть ли не в депрессию.

Однако это милое дополнение легко превращается во вредную привычку, когда вы теряете контроль над собой. Если вы пьете регулярно и много, стоит подумать, так ли вы далеки от состояния, которое называется «алкоголизм». Тем более что у женщин он развивается гораздо быстрее, чем у мужчин.

В этом случае все куда хуже. Алкоголь разрушает ЦНС: молекулы спирта попадают в нервные клетки и задерживаются там, начиная со временем тормозить их работу. Алкоголь сильно изнашивает печень: она вынуждена перерабатывать молекулы алкоголя, хотя не заточена под это. Алкоголь способствует разрушению сосудов, сердечной мышцы, старению кожи. Наконец, алкоголь ломает ваше биополе. Из-за неконтролируемого употребления спиртного снижается продуктивность, истощается энергетика, засоряется аура. Вы теряете связь со Вселенной, и жизнь становится намного хуже по всем фронтам — от личного до профессионального, от духовного до физического.

Всегда знайте меру, мои хорошие. Всегда.

И ЕЩЕ НЕМНОГО

Хоть это и раздел про тело, я все равно напомню, что наши главные вредные привычки — неверные установки в наших головах. От этих вещей надо избавляться, потому что только после этого получится легко пойти по жизни, легко самореализоваться и усилить свою энергию.

1. Неприятие себя и нелюбовь к себе

Любить себя — это не значит чувствовать себя пупом земли. Любовь к себе — это про гармонию, про самоуважение, про веру в себя и свое дело. Надо не только хвалить и радовать себя за хорошие поступки, но и прощать за ошибки, не возвращаться к ним вновь и вновь, не заниматься самоуничижением.

2. Сравнение с другими женщинами

Важно никогда этого не делать, потому что мы склонны сравнивать себя с теми, кто кажется лучше, а потому ничем, кроме печали, это не заканчивается. Пусть абстрактные идеальные женщины мотивируют и вдохновляют, а сравнивать себя стоит только с собой — с лучшей версии себя. Когда вы примете свою настоящую природу, настоящую сущностью, объективную действительность — притянутся люди, которые буду счастливы дарить вам свою любовь.

СТИЛЬ 👛

Очень важно найти стиль одежды, в котором вам будет комфортно. Однако комфорт — еще не все. Женщина (я так искренне считаю) должна одеваться еще и красиво; так, чтобы нравиться и себе, и окружающим. Если вы довольны своим гардеробом, если вам приятно на себя смотреть, то и люди видят в вас воплощение счастья и гармонии.

Таким образом, у нас есть две фундаментальные характеристики вашего стиля.

1. Комфортный

2. Красивый

Однако, помимо них, существует еще один очень важный аспект: женственность. Ваша одежда и вы сами должны быть женственными, это очень важно. Потому что, будучи таковой, вы на подсознательном уровне располагаете к себе людей (независимо от пола).

Таким образом мы получаем третью важную характеристику вашего стиля.

3. Женственный

Самый очевидный инструмент женственности: платье. Его сила известна с давних времен. Славянки носили сарафан, римлянки — тунику, индианки — сари, японки — кимоно. И не просто так.

Наш главный энергетический центр находится в матке. Длинная юбка создает своеобразный колокол, в котором копится и усиливается энергия, поступающая от Земли. Та самая энергия, которая помогает нам достичь гармонии, познать себя и получить силу материнства.

Платья и юбки действуют на мужчин поистине магнетически. Во-первых, это красиво визуально, ведь платье добавляют женщине хрупкости, элегантности, игривости. А во-вторых, ее на подсознательном уровне начинают воспринимать как мать (что немудрено, учитывая аккумуляцию энергии).

МОЙ ОПЫТ

Красиво и со вкусом одеваться у меня получалось всегда. В детстве (как уже было сказано) я рисовала принцесс в шикарных платьях, устраивала модные шоу-показы со своей одеждой и одеждой родителей. Не боялась казаться эксцентричной, не такой, как все. Задатки были, а если есть задатки, любое мастерство можно отточить и довести до идеала.

Что касается платьев, то я всегда чувствовала себя в них максимально комфортно. Надевала их на отдыхе, вечеринках, светских мероприятиях — везде. Про меня говорили: «Олеся, наверное, даже спит в платьях». Тогда я не знала об их целительной силе, но, наверное, понимала на подсознательном уровне. Может быть поэтому женщины в моих платьях счастливы. Я передаю им энергию, заряжаю счастьем и дарю красоту.

Однако и это еще не все. Четвертая необходимая характеристика вашего гардероба диктуется вашей индивидуальностью.

4. Подходящий

- Выбирайте одежду по размеру.

- Учитывайте особенности своей фигуры.

- Ориентируйтесь на свой цветотип внешности.

С первыми двумя точно все понятно, поэтому поговорим подробно о последнем.

Есть четыре основных цветотипа: зима, весна, лето и осень. Это самая общая классификация, и далеко не единственная. Ниже я приведу обобщенные характеристики для первичного знакомства — как выглядят девушки каждого цветотипа и на чем базируется палитра, которая подходит именно им. Однако вам необходимо дополнительно и самостоятельно изучить этот вопрос, чтобы понять свой цветотип и найти свои цвета.

ЦВЕТОТИПЫ

Теплые цветотипы

1. Весна

Внешность: светлая тонкая кожа, светлые глаза (серо-голубые, светло-коричневые, светло-зеленые), волосы — теплые оттенки блонда.

Цвета: бежевый, шоколадный, абрикосовый, лазурный, светло-голубой, теплый оранжевый, лососево-розовый.

2. Осень

Внешность: золотистая яркая кожа, теплый и насыщенный оттенок глаз (преимущественно карие), волосы от

ЧТО ДОЛЖНО БЫТЬ В ГАРДЕРОБЕ У КАЖДОЙ ДЕВУШКИ?

1. ДЛИННОЕ ВЕЧЕРНЕЕ ПЛАТЬЕ.

Для особого случая или праздника. Если вы можете купить себе только одно или два платья, выбирайте основные цвета — черное, красное или белое. Они подойдут всем, надо только подобрать оттенок по вашему цветотипу.

● Белое платье — элегантность. Если оно строгое, можно носить с пиджаком или утягивающим корсетом. Очень хорошо подойдет для лета. Я взяла на вооружение этот прием после беременности, и в итоге хожу с корсетом до сих пор (его можно купить в магазине для мам).

● Черное платье — сексуальность. Можно с закрытым верхом и закрытой грудью, либо с вырезом «американка» и разрезом по ноге.

● Красное платье — страсть. Это афродизиак в одежде и знак для мужчины. Главное, не выбирать при этом красную помаду, иначе будет слишком вызывающе.

2. МАЛЕНЬКОЕ ЧЕРНОЕ ПЛАТЬЕ.

Супервариант как для свидания (при утонченных аксессуарах), так и для будничного выхода (с пиджаком, например).

3. ЛОДОЧКИ БЕЖЕВОГО ЦВЕТА.

Обувь на все времена. К классическому платью, шортам, майкам и пиджакам.

4. КЛАТЧ ИЛИ КЛАССИЧЕСКАЯ СУМКА БЕЖЕВОГО И ЧЕРНОГО ЦВЕТОВ.

Dior (Lady Dior), Chanel, Hermes — вечные дома с вечными моделями, которые можно носить всю жизнь и которые никогда не выйдут из моды. Лучше сделать вложение в одну такую сумку, чем в десять разных, кричащих и популярных только в этом сезоне. Мода быстро меняется и завтра будет уже неактуальна.

Также очень хороший вариант — красный клатч или сумка. В сочетании с красной помадой и черным (или белым) платьем получается суперстильный образ.

золотистых до медных и темно-каштановых (вся палитра).

Цвета: серый, оливковый, теплый коричневый (вся палитра), томатный, рыжий, изумрудный.

Холодные цветотипы

1. Лето

Внешность: кожа светлая, от фарфора до холодного розового, волосы светло-русые и пепельных оттенков, глаза чисто-серые или с примесью голубого и зеленого, могут быть карими.

Цвета: холодные оттенки синего, светлые и жемчужные серые, пыльный розовый, сиреневый, лимонный.

2. Зима

Внешность: контрастная; бледная, фарфоровая кожа, черные или просто темные волосы, глаза — зеленые, синие, темно-карие.

Цвета: насыщенный синий, красный, изумрудный, бордовый.

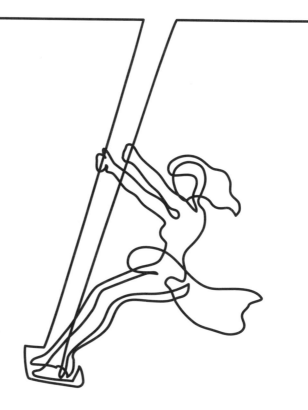

Как полюбить себя

Вы наверняка уже познали, что такое любовь и на что она способна. Возможно, вы живете в ней всегда, возможно — только тогда, когда она накрывает вас внезапной чувственной волной. Может быть, вы знаете об этом состоянии только благодаря книгам и журнальным статьям. Не исключаю, что вам давно хочется к этому прийти, но в голове нет ответа на самый важный вопрос: как же открыть в себе эту любовь?

Источники, которым можно верить, единогласно отвечают: сначала полюбить себя! И честно говоря, я не знаю, возможно ли по-другому, но тут встает иной вопрос: как же это сделать?

МОЙ ОПЫТ

Мне, конечно, с этим повезло. Я была выращена в огромной любви и чувственном изобилии. Меня лелеяли и опекали мама с бабушкой, давали много благ и старались сделать так, чтобы у меня было все самое лучшее. Лучшую еду, лучшую одежду, лучшую школу, лучшие курсы — все для Олесеньки.

Я росла без папы, и возможно, моя семья пыталась таким образом восполнить нехватку отцовского отношения. Я не чувствовала недостатка в любви, но, возможно, отсутствие родителя все же сказалось в моей жизни — при отношениях с мужчинами. Именно потому, что перед глазами не было примера. Скорректировать и выровнять какие-то неправильные установки я смогла только в зрелом возрасте.

Я разработала очень простую, но невероятно действенную и исцеляющую практику любви к себе. Это моя авторская методика, которая помогла очень многим женщинам, обратившимся ко мне за консультациями.

Итак, принимайте подарок.

ПРАКТИКА ЛЮБВИ К СЕБЕ ♀

1. **Найдите пространство и время для пребывания одной.** Расположитесь поудобней, лучше всего — сядьте. Главное в позе — удобство и комфорт, отсутствие контроля и напряжения в области шеи (главное) и всего тела (желательно).

2. **Подышите, расслабьтесь любым приятным способом.** Подойдет дыхание светом или солнышком (сидите на солнышке и представляете, что вдыхаете его, пропускаете в себя эти золотые частички, этот искрящийся свет). Если погода пасмурная, не беда — дышите серединкой живота.

3. **Дайте своему телу команду: «расслабление».** Это слово надо произнести вслух. После этого сидите в тишине и слушайте все, что происходит внутри и снаружи, все звуки и шорохи. Воспринимайте это как расслабление, отслеживайте этот процесс.

4. **Соберите все внимание в себе и на себе.** Положите руку на любую часть тела, направьте на нее внимание и начинайте произносить слово «любовь». Повторяйте много раз. Наблюдайте, КАК вы говорите это слово по отношению к себе. Снача-

ла оно может звучать робко и тихо, почти неслышно, стеснительно. Ваша задача — начать произносить его все громче и уверенней, посылая поток энергии, которую несет в себе это слово, внутрь.

5. **Продолжайте наблюдать за собой.** Какие чувства вы испытываете, когда говорите себе «любовь»? Легко ли вам это дается? Как откликается на это ваше тело? Слезами, кашлем, комом в горле, волнением, стеснением или чем-то еще?

Давайте право на существование всем реакциям и откликам. Все ваши проявления — ценные! Не блокируйте ничего, не ругайте себя. Если что-то идет не так, не пугайтесь: это выходят сжатия из прошлого, которые вы до этого момента держали внутри.

6. **Перемещайте руку по всему телу,** направляя внимание и слово «любовь» на каждую часть тела, каждый орган и энергетический центр. Туда, где больно и где сжато. Пройдитесь по всему телу и признайтесь себе в любви!

7. **Заканчивайте в любой удобный момент,** но лучше — после того, как пройдете все критические точки. Посидите еще немного с закрытыми глазами, подышите (солнышком, светом, серединкой живота). Откройте глаза и скажите себе: «Я люблю тебя, малышка!» Улыбнитесь и мысленно себя обнимите.

Это упражнение не только про тело, энергия слова выходит далеко за пределы конкретных направлений и работает на всех уровнях. Вы можете прожить не самые приятные эмоции. Может быть больно, могут всплывать картинки непрожитого прошлого, вылезать неотпущенная боль. Может показаться странным давать любовь именно себе. Но стоит довериться потоку и принять, что все происходит правильно, все так, как и должно быть конкретно в этот момент. Тогда на смену слезам и рыданиям придут радость, уверенность, любовь, свет. Главное — не бросайте эту практику, продолжайте ее делать регулярно.

Лю-Бо-Вь = **ЛЮ**ди, **БО**га **В**едающие... в себе.

Попробуйте! Полюбите себя взаимно! Будьте в контакте с собой всегда.

КАК ЗАГАДЫВАТЬ ЖЕЛАНИЯ

Наши мысли действительно материальны, а наше воображение обладает огромной силой и позволяет создать именно то, чего страстно хочется. А если мы еще и правильно формулируем эти желания, вкладываем в мысли много положительной энергии, то процент осуществления задуманного серьезно увеличивается. Главное — собраться с мыслями

и верно составить «дневник желаний» и «карту желаний».

Это можно делать в любой день, но самую сильную отдачу можно получить, если запускать намерения на Новый год, день рождения, новолуния или просто важные даты по лунному календарю.

СОСТАВЛЕНИЕ «ДНЕВНИКА ЖЕЛАНИЙ»

1. Уединитесь

Найдите тихое место, где вас никто не потревожит. Лучше, если это место будет на природе, там наша энергия усиливается. Расслабьтесь, несколько раз глубоко вдохните, постарайтесь очистить разум.

2. Определите область, которая нуждается в изменениях

Затрагивайте все направления вашей жизни: от духовного до материального! Не бойтесь хотеть многого. Учитывайте все приятные мысли, которые придут в голову. Ваши желания могут быть связаны с чувством, определенной ситуацией или целой сферой жизни.

Советую затронуть: личную жизнь, карьеру и самореализацию, здоровье (физическое и ментальное), духовное развитие, образование.

3. Сформулируйте желание

Желание — своего рода цель, идеальный результат в той области, в которой вы бы хотели изменений. Есть несколько правил формулирования таких установок.

а) Утверждение должно быть позитивным

Это значит, что в нем нельзя использовать частицу «не». Русский язык богат, поэтому подбирайте слова! Заодно расширите словарный запас ☺

«Я приобретаю красную спортивную машину».

«Я еду летом в шикарный отпуск к океану».

«Я принимаю особенности характера моей подруги, потому что я ее люблю и наша дружба прекрасна, уважительна и продолжается на равных».

б) Утверждение необходимо формулировать в настоящем времени

«Я становлюсь красивее, гармоничнее и здоровее с каждым днем».

«Я проживаю жизнь своей мечты».

в) Желание должно быть максимально детальным

В материальных желаниях затрагивайте конкретные поездки, покупки, цифры. В отношениях — конкретное отношение друг к другу, быт и семейный уклад. Меня часто спрашивают, как формулировать желания именно про отношения.

Привожу пример:

«У меня одновременно взаимная любовь (просто «любовь» не стоит загадывать, потому что вы можете любить, а вас — не очень) **с богатым, привлекательным для меня** (главное, чтобы этот человек притягивал ваш взор, другие не волнуют), **ответственным** (очень важно, ведь бывают просто богатые мужчины, но ответственности за женщину и семью ноль, так что с того?**), щедрым со мной** (бывают мужчины, щедрые для друзей, но не для женщины), **романтичным мужчиной, с которым мы счастливы вместе, с которым мы много путешествуем по самым крутым местам планеты** (если вам это важно), **с которым мы живем роскошной жизнью, с которым у нас захватывает дыхание друг от друга, и отношения с которым ведут меня к _____** (тут у каждой свои ценности и пожелания). 👤👤👤👤

г) Опционально: обозначайте приблизительные даты

Это может быть месяц, сезон, год. Но не рассчитывайте на короткие сроки, на завтрашний день. В желания надо вкладываться. Вселенная слышит вас, но отдает только тогда, когда вы должным образом настраивайтесь на единый с ней поток. На это нужно время.

4. Представьте, что желание исполняется

Нарисуйте в голове четкую картину того, как ваши цели претворяются в жизнь. Представляйте, что каждое желание уже исполнилось, представляйте его как свершившийся факт. Прочувствуйте, как вам радостно от каждой детали, как чудесно в созданном образе. Ощутите счастье.

5. Закрепите созданный образ

Перенесите созданную историю в материальный мир. Пропишите ее в специальном блокноте или документе, можно в заметке на телефоне. Подробно и скрупулезно, не упустив ни одной крохотной подробности. Вам надо создать историю своей мечты. Вы — автор своего романа.

6. Визуализируйте желание

Наклеивайте в дневник картинки с понравившимися объектами, рисуйте, делайте коллажи. Зрительная память и наглядные образы действительно работают.

Я раньше и ватман покупала, и целый журнал с макетами распечатывала. Сейчас с этой задачей идеально справляются заметки в айфоне, но начинать надо с азов, тем более если вы в этом деле новичок.

7. Поддерживайте свою мечту

Перечитывайте свой роман, свою новеллу. Постоянно подпитывайте ее позитивными вибрациями: проговаривайте текст вслух и представляйте про себя идеальный мир, который описали и которого хотите достичь. Представляйте ярко, чтобы захватывало дух.

Недостаточно написать про мечту и отложить ее в долгий ящик. Над ней надо работать. Читайте свой роман в минуты душевного подъема, когда испытываете радость. И напротив, не открывайте его, если чувствуете досаду, раздражение, злость, зависть, ненависть. Они в принципе блокируют ваш энергетический поток и уж тем более будут отодвигать от целей! Вспоминайте про эти желания (или опять же читайте) в самолете. Это очень действенно благодаря большей близости к космосу.

Практикуйтесь ежедневно, желательно утром или перед сном. Представляйте, что желаемое очень близко, лелейте мысль об этом. Но не зацикливайтесь, тут очень тонкая грань.

СОСТАВЛЕНИЕ «КАРТЫ ЖЕЛАНИЙ»

Карта желаний — уже несколько другая история. Это тоже инструмент программирования нашего подсознания, способ связи со Вселенной, но другого формата. Во-первых, карта желаний полностью визуализирована (тут уже без вариантов). Во-вторых, она затрагивает конкретные области вашей жизни. В-третьих, она составляется на определенный период. То есть мы делаем четкую карту, куда входят ваши планы и желания на отдельно взятый отрезок времени.

1. **Разделите лист А4 на девять секторов, как на рисунке:** богатство, слава, любовь и брак, семья и здоровье, дети и творчество, знания, карьера, путешествия, в середине — вы. Начинайте с первого сектора и двигайтесь по часовой стрелке вокруг себя.

2. **Определите каждому сектору свой цвет.** Кто-то вклеивает в них цветную бумагу, кто-то раскрашива-

ет, я — просто представляю сияния указанного оттенка от того или иного сектора.

3. **Заполните каждый сектор** положительными, яркими, красивыми и желанными образами-картинками. Наверняка у вас в айфоне есть вожделенные сохраненки — используйте их! Распечатывайте и вклеивайте. На картинках должны быть четкие вещи, предметы. Если там люди, следите, чтобы не было видно лиц.

Советую вклеивать не больше 2—3 картинок в каждую область карты. Помните, что это план и ваши цели на определенный, краткосрочный период. Поэтому верно расставьте приоритеты и решите, на чем стоит сосредоточиться.

Подключайте свою фантазию, потому что на самом деле это своего рода творчество, где вы — художник своей жизни. Обязательно вложите в создание максимум добрых чувств и веры, делайте ее в уединении, хорошем настроении, под приятную музыку. Ну и чашечка какао или кофе тоже не повредит. ☕

Карту следует просматривать в том же режиме, что и дневник. Более того, ее можно повесить на стенку или поставить на комод — главное, чтобы вы ее постоянно видели.

Богатство, изобилие, предметы роскоши Цвет: светло-зеленый, салатовый	**Слава, положение в обществе, успех и признание в обществе** Цвет: красный, можно зеленый, все оттенки красного	**Любовь, брак, отношения** Цвет: коричневый, можно красный, розовый, терракотовый
Семья, отношения с близкими, здоровье Цвет:темно-зеленый, голубой	**Здоровье, гармония, самое важное желание** Цвет: желтый, можно красный, розовый, коричневый, бежевый	**Дети (если хотите); творчество** Цвет: белый, можно серебряный, золотой, бронзовый, бежевый
Знание, мудрость, умения, самореализация, самопознание Цвет: светло-коричневый, можно красный, коричневый, терракотовый, бежевый	**Продвижение по карьерной лестнице, увеличение заработка, получение желаемой работы, смена профессии, открытие бизнеса** Цвет: синий	**Путешествия, значимые полезные люди:, небесные помошники** Цвет: серый, можно серебряный, золотой, бронзовый

ПРАКТИКА
НА ИСПОЛНЕНИЕ ЖЕЛАНИЙ ♂

Этой практике меня научил один йог из Лос-Анджелеса, работавший в свое время с Мадонной (без шуток). Она помогает настроить себя на нужный лад и зарядить все энергетические ключи на воплощение мечты в реальность.

Однако именно эта практика больше других опирается на телесные особенности и строение человека, потому что во время нее происходит воздействие на шишковидную железу. Понимаю, что не все знакомы с этим термином, поэтому, прежде чем мы приступим непосредственно к сути, слегка коснемся биологии и теории.

Шишковидное тело, или эпифиз, — это эндокринная железа, которая находится в области среднего мозга. Она вырабатывает мелатонин (гормон сна), серотонин (гормон счастья) и отвечает еще за несколько важных функций. Но это информация из учебников и справочников, нас интересуют вещи чуть глубже.

Помимо прочего, шишковидное тело выполняет функции третьего глаза — глаза мозга. Именно там самая большая концентрация энергии в теле человека. Именно там выделяется природный психоделик, который способен изменять сознание. Именно воздействие на эпифиз может погрузить человека в медитативный сон. Именно эта железа — одна из самых больших и малоизученных загадок мозга. И возможно, именно она отвечает за те удивительные возможности человека, которые мы принимаем за сказки: от левитации до общения силой мысли.

Порядок действий

1. **Уединитесь, успокойтесь, очистите свой эмоциональный фон.**

2. **Сядьте на колени, протяните руки вперед и упритесь лбом в пол.** К голове прильет кровь, и произойдет активация эпифиза. Железа начнет работать активнее.

3. **Визуализируйте свое желание**, представьте свою мечту во всех деталях. Обдумывайте ее со всех сторон. Не используйте частицу «не».

4. **Закончите это упражнение**, когда полностью представите желаемое. Делайте практику регулярно на протяжении 21 дня.

Будьте аккуратны, внимательны и сосредоточены. Это хорошая практика, которая работает, но она требует внимания к собственному организму и сосредоточенности.

КАК НАКОПИТЬ ЖЕНСКУЮ ЭНЕРГИЮ

Именно своей женской энергией, своей женственностью мы творим реальность этого мира. Почему некоторые девушки легко притягивают мужчин и все необходимые блага, а кому-то все достается адским трудом? Дело не только в красоте (хотя про нее тоже не стоит забывать), но и в женской энергии. Именно ее надо нарабатывать, если вы хотите без напряжения привлекать в свою жизнь желаемое. Где бы ни появлялась женщина, наполненная этой особой волшебной силой, окружающие чувствуют, как она питает своим светом все свободное пространство.

Так зачем нам нужна эта наполненность?

Ну например:

- чтобы встречать все препятствия играючи, с легкостью;

- чтобы мудро принимать решения и выходить из любой ситуации с наименьшими потерями;

- чтобы давать любимому мужчине все, что нужно (и чтобы он не чувствовал потребности добирать что-то на стороне);

- чтобы поддерживать гармонию семейного очага — это возможно только тогда, когда в душе гармония и мир;

- чтобы не быть нервными и истеричными (потому что если женщина раздражена и негативно настроена, она легко способна перекинуть это состояние на любого из членов семьи).

МОЙ ОПЫТ

Люди часто говорят, что от меня исходит чистая энергия, что у меня получается заряжать все вокруг любовью, которая манит, оберегает и помогает даже посторонним. «Олеся, с вами хочется просто стоять рядом и не отходить!» Это потому, что у меня сильно развит навык восстановления и сохранения женской энергии. Стоит только о чем-то подумать, и все складывается само собой. Нужные люди сами меня находят, появляется то, в чем возникает потребность, очень чутко работает интуиция.

Но так было не всегда, я знаю и обратную сторону медали. Я тоже бывала злой, раздражительной, нервной и агрессивной. Стоило на минуту поддаться негативным эмоциям, как все в одночасье рушилось. Но как только я начала прорабатывать женскую энергию, душевное равновесие стало устаканиваться, а жизнь — меняться.

В обретении женской энергии очень помогают аффирмации (мы будем с ними работать дальше) и специальные практики обретения. Я вам расскажу о двух любимых, которые помогают быть гармоничной, женственной, целостной и внутренне спокойной конкретно мне.

РОЗОВАЯ ДЫМКА ✿

1. **Уединитесь.** Найдите место, где вы ощущаете спокойствие и гармонию (желательно, чтобы оно было на природе, но если нет возможности оказаться там прямо сейчас, подойдет спокойное и комфортное проветренное помещение).

2. **Удобно сядьте,** если есть возможность — прилягте.

3. **Зажгите свечу,** закройте глаза. Сделайте семь вдохов и семь выдохов.

4. **Представьте, что сверху из бесконечного космоса,** через всю Вселенную к вашему сердцу идет поток розового света. Он целится прямо в сердечную мышцу, и как только доходит до нее — становится дымчатым и начинает клубиться. Затем медленно распределяется по всему телу, впитывается в кожу, обволакивает каждый орган — от макушки до пяток. Затем этот поток из Вселенной прекращается, и весь свет сосредотачивается внутри вас, укладывается там и рассеивается в каждой клеточке.

P. S. Розовый свет — это женская сила любви. Но вы можете заполнять себя и другими энергиями. Например, белой — это гармония и здоровье. Или золотой — это финансовое благополучие.

ПРИРОДНЫЙ ПОТОК ♉

1. **Уединитесь на природе** (на даче, в деревне, на море или просто за городом).

2. **Встаньте босыми ногами на землю и закройте глаза.**

3. **Представьте и почувствуйте, как через стопы в ваше тело проникает энергия Земли и медленно течет выше по ногам.** В это же время через макушку в вас поступает энергия Вселенной, медленно разливается по

телу вниз. С двух сторон эти энергии доходят до матки — главного женского центра накопления энергии. Сфокусируйте там внимание и представьте, как две силы нарастают и циркулируют по кругу, постепенно увеличивая темп. Когда движение станет совсем быстрым, поднимите руки, сделайте вдох, а на выдохе опустите их и прижмите ладони к животу, как бы обрывая одновременно оба потока и закрывая всю собранную энергию в матке. Почувствуйте тепло. Почувствуйте могучую силу, питающую вашу женственность.

4. На протяжении дня периодически вспоминайте, что внутри вас собрана сегодня энергия двух полярных величин. Если вам кажется, что сила уходит, положите ладонь на ладонь и поднесите кольцо из пальцев к матке. Сконцентрируйтесь и разбудите заснувшую энергию, покачайте ее мысленно.

ДЕРЕВО РОЖДЕНИЯ

Женщина берет и аккумулирует силу природы, постоянно от нее подпитываясь. И у каждой женщины (впрочем, как и у мужчины) есть свое дерево. Мы не выбираем его, оно присваивается нам по праву рождения в зависимости от периода.

ДЕРЕВО РОЖДЕНИЯ

Дата рождения	Дерево
23 декабря — 31 декабря. *25 июня — 4 июля*	**Яблоня**
1 января — 11 января *5 июля — 14 июля*	**Ель**
12 января — 24 января *15 июля — 25 июля*	**Вяз**
25 января — 3 февраля *26 июля — 4 августа*	**Кипарис**
4 февраля — 8 февраля *5 августа — 13 августа*	**Тополь**

Дата рождения	Дерево
9 февраля — 18 февраля 14 августа — 23 августа	Кедр
19 февраля — 28 или 29 февраля 24 августа — 2 сентября	Сосна
1 марта — 10 марта 3 сентября — 12 сентября	Ива
11 марта — 20 марта 13 сентября — 22 сентября	Липа
22 марта — 31 марта 24 сентября — 3 октября	Лиственница
1 апреля — 10 апреля 4 октября — 13 октября	Рябина
11 апреля — 20 апреля 14 октября — 23 октября	Клен
21 апреля — 30 апреля 24 октября — 2 ноября	Орех
1 мая — 14 мая 3 ноября — 11 ноября	Жасмин
15 мая — 24 мая 12 ноября — 21 ноября	Каштан
25 мая — 3 июня 22 ноября — 1 декабря	Ясень
4 июня — 13 июня 2 декабря — 11 декабря	Граб

Дата рождения	Дерево
14 июня — 23 июня 12 декабря — 20 декабря	Инжир
21 марта — 22 марта	Дуб
24 июня	Береза
23 сентября — 24 сентября	Олива
21 декабря — 22 декабря	Бук

1. **Узнайте, где растет это дерево.** Постарайтесь найти его. Если это другая страна, спланируйте туда отпуск.

2. **Подойдите к нему в одиночестве.** Приложите руку к стволу и закройте глаза.

3. **Сделайте семь вдохов и семь выдохов.** На вдохе представляйте, что вы втягиваете в себя энергию этого дерева, его силу. Чувствуйте, как она поступает к вам через пальцы, через ладонь, поднимается дальше по руке и устремляется к солнечному сплетению. Дойдя до него, принимает ту форму, которая кажется вам красивой и подходящей (у меня это спиралевидное облако светлого цвета).

4. **Постойте так пару минут**, пока не почувствуете, что ваш духовный центр наполнился энергией.

Обязательно помните, что развивается, совершенствуется и эволюционирует то, во что человек вкладывает энергию. И результат зависит только от наших усилий. ✋

КАК ВОССТАНАВЛИВАТЬ СИЛЫ ⚘

Жизненная сила требуется не только во время каких-то активностей, но и во время сна. Внутри вас всегда происходит что-то, что нуждается в энергетическом топливе, будь то физический или духовный процесс.

Когда внутри достаточно сил, вы хорошо себя чувствуете, легко справляетесь с болезнями, можете работать и общаться без чувства усталости. У вас ровное настроение, вы отлично выглядите, быстро думаете и умеете управляться с женской энергией.

Если жизненных сил не хватает на что-то, организм начинает сбоить: тело

болеет, разум отказывается работать, а сердечко — чувствовать радость. Иногда все это заходит совсем далеко, и человек впадает в стрессы, депрессии и другие тяжелые состояния.

Почему силы уходят? Из-за негативных эмоций, из-за людей, которые ими подпитываются (и таким образом на нас паразитируют), из-за вредных привычек и загрязнения организма.

Как с этим бороться? Практикой деятельной и практиками духовными.

Что такое «деятельная практика»? Все тот же набор простых и знакомых с детства рекомендаций. Вовремя ходите к врачам, правильно питайтесь, введите в жизнь хотя бы минимум спорта, нормально спите, расслабляйтесь, медитируйте, старайтесь чаще бывать на природе, меньше смотрите новостей.

Что такое «духовные практики»? Это те самые упражнения, которые надо периодически выполнять, чтобы восстановить силы.

ИЗБАВЛЕНИЕ И ВОССТАНОВЛЕНИЕ ОТ НЕГАТИВА

За день мы собираем в себе много негатива, в том числе чужого (подобранного, например, в местах массового скопления людей). Это отнимает силы, мы слабеем и чувствуем себя хуже. С помощью чего бороться? С помощью воды.

1. Включите прохладный душ.

2. Если вы терпимы к низким температурам и здоровье позволяет, встаньте под него полностью. Я на такое не решаюсь, поэтому омываю только стопы. Прохладная (или холодная) вода принципиально важна, потому что при именно такой температуре она дает мощный отпор негативной энергии.

3. Представьте и почувствуйте, как вода смывает с вас негативную информацию. Как вместе с ее струйками с вас сбегает вся негативная энергия, вся усталость, накопленная в течение дня.

4. Независимо от того, стоите ли вы под душем полностью или нет, уделите особое внимание ладоням и ступ-

ням — в них отрицательный заряд скапливается в первую очередь.

5. Благодарите Вселенную за сегодняшний день. Я в дополнение к этому читаю молитву (базовую для себя — «Отче наш»).

СОЛЕВОЕ ОЧИЩЕНИЕ

Соль обладает вытягивающим свойством, поэтому это очень действенный метод очищения.

1. Насыпьте в удобную посуду половину пачки соли (можно чуть больше, можно чуть меньше, это не принципиальный момент) и залейте водой до краев.

2. Поставьте эту посуду под кровать. Сон будет спокойным и глубоким. К утру соль вытянет из вас значительную часть негативных информации и энергии.

3. Утром смойте солевую воду в канализацию. Повторять практику можно каждую ночь, но обязательно необходимо мыть посуду, менять соль и воду.

ЗАЩИТА ДОМА

Огонь — мощная стихия, которая может уничтожать негативную энергию. В качестве ее проводника я использую в своем доме свечи. Они помогают очищать родное гнездышко от отрицательных скоплений.

1. Зажгите свечу, лучше всего церковную. Возьмите ее в руку.

2. Обходите с ней квартиру. Движение начинайте от порога и перемещайтесь по часовой стрелке, в итоге замыкая контур пространства.

3. Раз в неделю можете опрыскивать все углы дома святой водой (если вы православная христианка).

После этого в душе появляется ощущение чистоты, а в доме царит дух благодати. Проблемы разрешаются, и даже воздух кажется хрустально чистым, прозрачным и очень-очень чистым. Будьте счастливы! ♣

КАК СНЯТЬ ЛИЧНЫЙ БЛОК

Личный блок — это некий внутренний барьер, который мешает человеку жить, развиваться, любить и наслаждаться. Он может касаться любви, саморазвития, внутренней гармонии. Мы не всегда можем распознать его самостоятельно, потому что он находится в области подсознания, в то время как мозг работает на поле сознательной психики.

Ресурсами подсознания наш разум пользуется в автоматическом режиме, хотя именно там заложены все установки, страхи, травмы и непрожитые боли. Именно в подсознании хранится отрицательный опыт, который надо прорабатывать и стирать.

Примеры негативных установок

• *Все мужчины ужасны*	• *Я не создана для отношений*
• *Меня никто и никогда не полюбит*	• *Меня не за что любить*
• *Я от природы глупая*	• *Я недостойна денег и богатства*
• *Я необразованная*	• *Я не развиваюсь*
• *С таким характером у меня никогда не будет друзей*	• *Я не смогу научить своего ребенка ничему хорошему*

Чаще всего негативные установки прививаются в детстве — родителями и обществом. Они не всегда верны, напротив, почти всегда мешают нам строить свое счастье и ставят блоки, те самые личные блоки. Поэтому от них надо избавляться, убирать, менять картину подсознания.

Для этого можно использовать карту желаний, аффирмации и практики. Про первое мы уже говорили, про вторые еще поговорим, так что самое время перейти к последнему — практикам.

ПРОГРАММИРОВАНИЕ СОЗНАНИЯ 🧑‍💻

Негативные установки можно прорабатывать посредством сталкивания их с положительными установками. Представьте, что и те и другие стоят на ринге, и силы вроде бы равны, но тут в красном углу ринга появляетесь вы в качестве тренера и наставника.

Вы усиливаете положительные установки, вкладываете в них силы, веру, эмоции. Со временем они начинают побеждать.

1. Поймите, что вас беспокоит. Найдите, сформулируйте те самые негативные установки, которые кажутся вам истиной. Выпишите их (можно на отдельный листочек, а можно — прямо под этой практикой).

2. Постарайтесь принять, что это ложь, которую сформировала в вашей голове не самая дружелюбная к вам среда.

3. Возьмите ручку другого цвета (лучше всего красного) и зачеркните первую негативную установку. После этого под ней сразу напишите опровержение в утвердительном и положительном ключе.

• ~~Я не развиваюсь~~

Я усваиваю и получаю новую информацию в комфортном для меня режиме.

- ~~Меня не за что любить~~

  Я уникальная, ни на кого не похожая, потрясающая личность, которая достойна только любви.

ЗАМЕЩЕНИЕ МЫСЛЕЙ

Эта практика хорошо работает в связке с предыдущей практикой программирования. После того как вы разобрались со своими негативными установками, зачеркнули их и сформулировали противодействующие положительные утверждения, начинайте работать с мыслительным процессом.

Не проговаривайте негативные установки, не произносите их вслух, игнорируйте. Как только какая-то из них возникла в голове, говорите себе «стоп». И тут же начинайте проговаривать ту установку, что пришла на смену зачеркнутой. Повторяйте ее на разные голоса, интонации, верьте ей, крутите и осматривайте со всех сторон.

Поймали себя на каком-то страхе (например, «я не поступлю в инсти-

Практический лист работы с негативными установками

• ~~(негативная установка)~~ *Опровержение в утвердительном и положительном ключе*	•
•	•
•	•
•	•
•	•

тут»), поддались панике — сразу берите себя в руки и корректируйте мышление («я достойна самого лучшего, я поступаю в институт, добиваюсь своих целей и получаю лучшее образование, которое пойдет мне на пользу»). Это не просто, получается не сразу, опыт приходит тоже не сразу, но надо бороться с негативом, медитировать и запускать поток положительной энергии.

В моей жизни так и произошло: я перестала замечать плохое, отсекла все разрушающее, и сейчас рядом только позитивные люди и вибрации. Кто-то скажет, что это невозможно, но так оно и есть. Я полностью изменила свое подсознание, и все негативные установки сгорели, изжили себя и забылись.

ВОЗДУШНЫЙ ЛАСТИК

Самостоятельная практика, которая работает с конкретной негативной установкой. Один вечер практики — одна установка. Не пытайтесь зараз проработать все, сосредоточьтесь на точечной проблеме.

1. Закройте глаза. Представьте свою плохую мысль как объемное грязное пятно, повисшее в воздухе напротив вас. Представьте его неприятный, отталкивающий цвет. Представьте форму — разводы, подтеки и общий рисунок этого пятна.

2. Соберите внутри энергию, разбудите ее по всему телу. Представьте и почувствуйте, как она бурлит в вас, как рвется наружу. Чуть поиграйте с ней, подождите, пока она не начнет рваться наружу.

3. Вдохните и вместе с выдохом направьте свою энергию в сторону проблемного пятна. Стирайте его своим дыханием — каждый подтек, каждую капельку. Работайте как ластиком в разрисованной каракулями тетрадке.

4. Подключайте ладони. Вытяните их в сторону пятна и почувствуйте, как внутренняя энергия бьет из них лучом и уничтожает остатки вашего пятна, полностью очищая воздух.

5. Проветрите комнату (если вы делаете эту практику дома), выпейте воды. Почитайте положительные аффирмации, которые выступят противовесом к негативной установке.

ПРАКТИКА ЭМОЦИОНАЛЬНОГО ПРОСТУКИВАНИЯ

Эту практику называют техникой эмоциональной свободы. У нее есть множество разных вариаций, я предлагаю вам свою.

Энергия в человеке циркулирует по определенным путям — меридианам. Когда плохие воспоминания, страх, обида создают внутри блоки, они встают как раз в этих меридианах. Простукивание определенных точек (то есть физическое воздействие) дробит их и со временем разбивает окончательно.

Где находятся точки для простукивания?

1) У основания брови (там, где она широкая — над переносицей).

2) На косточке, которая находится с внешней стороны глаза — наверху.

3) На косточке, которая находится с внешней стороны глаза — внизу.

4) Между носом и верхней губой.

5) Между подбородком и нижней губой.

6) Грудная точка (поместите пальчик в ямку у основания шеи, опустите вниз на три сантиметра, а потом вправо на три сантиметра).

7) У основания ногтя большого пальца.

8) У основания ногтя среднего пальца.

9) Точка подсознания — между безымянным пальцем и мизинцем (на 1,5 сантиметра ниже впадинки).

Как простукивать точки?

Сложите вместе указательный и средний палец руки (правой — для правшей, левой — для левшей). Простукивать точки надо кончиками пальцев (не сильно нажимая, чтобы не осталось следов).

1. Сформулируйте негативную установку.

2. Сформулируйте обратное положительное утверждение или аффирмацию, которая несет в себе обратный для этой установки посыл.

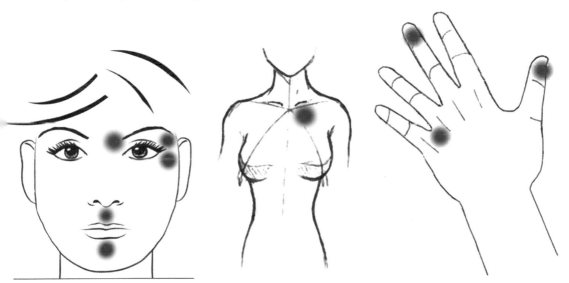

3. Простукивайте семь раз по каждой точке, начиная с первой. При этом проговаривайте вслух положительную установку. Слушайте свое тело, свои чувства. Представляйте, как разбиваете проблему своими пальчиками, расчищаете путь для положительной энергии.

ПРАКТИКА-БОНУС

ИНТУИТИВНОЕ РЕШЕНИЕ

Если вы в чем-то сомневаетесь, мучаетесь, тратите драгоценные силы и энергию на сомнения, взращивая внутри новые блоки неуверенности, вот вам моя личная практика, помогающая быстро принять решения.

1. Расслабьтесь, закройте глаза, глубоко подышите несколько раз.

2. Прокрутите плечами назад и вперед по десять раз. На каждом круге говорите фразу: «Я принимаю только верные решения!» Произносите ее уверенно и четко.

3. После десятого раза сразу примите решение. Не думайте, не погружайтесь в лишние логические измышления и дебри. Доверяйте предчувствиям и интуиции!

Ты
и мир

Речь

Словом можно убить, словом можно спасти,
Словом можно полки за собой повести.

Вадим Шефнер

Сначала рождается энергия. Затем энергия превращается в мысль, мысль превращается в слово, слово превращается в поступок. Про поступки мы с вами говорим на протяжении всей этой книги, поэтому сейчас затронем нашу речь. Речь — сильнейшее оружие женщины. Ей действительно можно спасти и убить, она действительно поведет за вами полки, если вы будете с умом распоряжаться своими данными. Когда вы освоите умение красиво, грамотно, сильно говорить, вы станете по-настоящему всемогущей!

Раньше считалось, что женщине не обязательно быть умной, ведь мужчины любят симпатичных глупышек. Но в наше время мало иметь красивое личико, «прелесть какие дурочки» интересуют большинство адекватных джентльменов в течение нескольких дней, а потом надоедают. Ваша задача — стать для мужчины в том числе другом и советчиком! Надо уметь мудро подсказать, успокоить, помочь или убедить. Ну и свой интерес тоже преследовать — грамотно преподносить себя и свою позицию.

«ПЛЕНИТЕЛЬНАЯ И ВЫРАЗИТЕЛЬНАЯ ЖЕНСКАЯ РЕЧЬ СПОСОБНА ТВОРИТЬ ЧУДЕСА. ЕСЛИ ВЫ ОВЛАДЕЕТЕ ИСКУССТВОМ КРАСИВО ГОВОРИТЬ, ТО НЕ ПРОСТО СМОЖЕТЕ ДОБИВАТЬСЯ СВОИХ ИНТЕРЕСОВ, ВЫ СМОЖЕТЕ ВЛИЯТЬ НА УМЫ».

Все это делается благодаря вашей речи. Пленительная и выразительная женская речь способна творить чудеса. Если вы овладеете искусством красиво говорить, то не просто сможете добиваться своих интересов, вы сможете влиять на умы. Успокаивать бархатом голоса или воспламенять, доводить до мурашек. А представляете, если к такому таланту добавить все наше мастерство прокачанной женской энергии? А если еще и инструменты выразительной речи подключить? Результаты будут поразительными!

ГОЛОС

Чистота и красота женского голоса очень важны. Если вы его поставите, то даже если станете гневаться или спорить, не будете выглядеть отталкивающе, на вас будут зачарованно смотреть и со всем соглашаться. Ну или как минимум ваш голос не будет звучат противно, визгливо или грубо.

Женщина может научиться умению выбирать тембр речи в зависимости от того, чего она хочет достичь. Разговаривая грубым голосом с мужчиной, она никогда не добьется своего! У него на подсознательном уровне всплывет блок, и он не примет ее мнение. Мужчина — лидер, поэтому он никогда не исполнит вообще задачу в повелительном наклонении!

МОЙ ОПЫТ

Раньше у меня был совсем другой голос, я его не сильно любила. Никогда над ним отдельно не работала и ни от кого, конечно, комплиментов по поводу него не получала. Единственный курс, который я взяла целенаправленно — курс по постановке речи. На дом приезжал репетитор и занимался со мной по стандартной программе, посвященной правильному произношению и интонации. Кстати, она у меня специфическая: в конце предложения голос идет вверх, хотя по правилам должен идти вниз. Это со временем стало моей особенностью и некой изюминкой, многие даже стали ее копировать.

Кстати, то, что голос не меняется, это стереотип. Еще как меняется, тем более у женщины. И зависит это от ее внутренних изменений. В процессе моего развития и работы над собой, своей женственностью, благодаря стремлению к росту, изучению некоторых женских практик голос действительно стал меняться. Сейчас, после каждой сториз, я получаю сотни восторженных писем от моих любимых девочек. Мне безумно приятно, что он им нравится, что они просят чаще разговаривать с ними и даже записывать аффирмации голосом, чтобы слу-

шать с закрытыми глазами. Через голос также передается энергия, которая придает сил, уверенности и дарит вдохновение.

ВЫРАЗИТЕЛЬНОСТЬ

Речь женщины должна быть образной, цветастой и богатой! При этом нельзя допускать, чтобы она была вычурной или заумной.

Чтобы развить речь, надо читать хорошую литературу. Лучше всего, конечно, русскую и зарубежную классику. Читая, вы на подсознательном уровне фиксируете классический стиль, слог, пополняете словарный запас. Именно так вырабатывается привычка красиво говорить.

У меня, например, нет времени на пустые статьи и романы. Если я что-то читаю, то это только нужная мне информация, та, что принесет пользу и пищу для ума.

Особняком стоят сообщения и комментарии от моих подписчиков. Такое чтение я не считаю пустой тратой времени, ибо это — отдача и взаимный обмен энергиями. Я их вдохновляю и даю силы, они это чувствуют и делятся со мной своей благодарностью.

КАК ПОСТАВИТЬ КРАСИВЫЙ ГОЛОС

1) Выпейте стакан теплого растительного молока и добавьте в него ложечку какао-масла. Это поможет расслабиться мышцам горла и гортани.

2) Встаньте перед зеркалом. Расслабьте горло. Дышите глубоко, но естественно.

3) Откройте рот и выпустите любой гласный звук из своей грудной клетки. Тяните его. Переведите его в непрекращаемый гул. Производите этот гул грудью.

4) Ощутите его красоту, силу. Представьте, что это — живая энергия, блестящая, светящаяся энергия, которая выплывает в мир благодаря вам;

5) Тяните звук и старайтесь, чтобы он был однотонным. Меняйте тональность звука одновременно с цветом энергии. Каждый срыв голоса — помеха в цвете. Старайтесь производить энергию чистого цвета.

"

Вы можете стать тем, кем захотите, где бы вы ни жили и в какой бы семье ни родились.

#АффирмацииОм

ГОЛОС ИЗ СЕРДЦА

Вы замечали, что, когда мы возбуждены, тембр голоса становится ниже? Если же мы в образе дочки-девочки и говорим о чувствах, то голос сам по себе наполняется нежностью. Эта практика как раз развивает умение говорить из сердца, говорить с любовью.

1) Вдохните и на выдохе опустите свое внимание на матку, главный энергетический центр женщины. Сосредоточьтесь на внутренних ощущениях своей нежности, женственности и сексуальности. Произнесите нужную вам фразу именно в таком состоянии.

2) Сконцентрируйте внимание вокруг сердца — на области чувств. Ощутите любовь и гармонию. Произнесите ту же фразу.

3) Представьте, что из сердца в голосовую чакру идет поток света. Представьте, что ваша фраза сливается с ним. Теперь произнесите ее снова — из сердца и с улыбкой на лице.

4) Теперь представьте, что из матки в голосовую чакру идет поток света. Представьте, что ваша фраза сливается с ним. Произнесите ее снова — из матки, с огоньком в глазах и с понижением тембра.

5) Делайте это упражнение каждый день. Рекомендую практиковать его в повседневной жизни.

Какие это могут быть фразы? Абсолютно любые, но положительно заряженные. Например:

- Спасибо! Я благодарна тебе.

- Будем радовать друг друга и дальше.

- Счастлива, что наши отношения становятся с каждым днем все лучше и интереснее.

Со временем вы заметите, как меняется отношение мужчин. Они ведь все чувствуют на энергетическом уровне, но не могут объяснить. А нам все понятно, потому что мы знаем все наши секретики. И дочитав эту книгу, вы научитесь в полной мере владеть собой, своим телом, своими мыслями и энергией.

МАТ

Ой как часто меня спрашивают, ругаюсь ли я матом, ой как часто. Что ж, время срывать покровы: да, я могу сказать резкое словцо, но, во-первых, редко, а во-вторых, красиво. Если уж оно появляется на свет, то служит украшением речи, очень литературным и изысканным.

В повседневной жизни стараюсь не ругаться, потому что мат оказывает пагубное воздействие на наш организм. Об этом говорят и эзотерика, и христианство. Согласно эзотерическому учению, мат разрушает нашу структуру на молекулярном уровне, влияет даже на ДНК! Мат способен полностью поменять структуру молекулы воды, кстати. А вы помните, на сколько процентов мы состоим из воды? То-то же.

Да и религия против мата, тут уже тем более очевидно. Мат упоминается даже в Библии! «Благословением праведных возвышается город, а устами нечестивых разрушается». Понимаете, что это значит? Сквернословие и брань способны уничтожать целые города! Что уж говорить о наших душах и отношениях.

Помните начало этой главы? Слово рождает поступок. Очень важно следить за тем, что мы говорим, за каждым словом, что мы посылаем во Вселенную. В подростковом возрасте

я спокойно ругалась матом и не думала ни о каком негативном влиянии. Но со временем становится ясно, что что-то у вас такой образ речи отнимает, что-то у вас убывает из-за него постоянно. Уж тем более если вы ругаетесь с негативной окраской на кого-то. Вы таким образом вредите только себе, отнюдь не оппоненту.

Включайте фильтрацию речи, дисциплинируйте ум. Избавляйтесь от слов-паразитов и мата. Со временем вы поймаете себя на мысли, что даже самое распространенное русское «слово-артикль» начинает резать вам слух.

СПЛЕТНИ

Я стараюсь никого не осуждать, не обсуждать, и вам советую. То, от чего вы зарекаетесь, обязательно войдет в вашу жизнь и приветственно ударит по макушке. Это закон, который стопроцентно и безоговорочно работает. Сплетни и осуждения несут очень сильный отрицательный энергетический посыл!

Осуждать людей нельзя со всех сторон — с христианской, с эзотерической, с этической. Когда вы это делаете, то вешаете на себя определенный ярлык и притягиваете то, что осудили. По закону Вселенной, все возвращается. И Господь сталкивает вас с этой ситуацией вновь и вновь, чтобы вы извлекли главный урок: следить надо только за собой. Сплетни разрушают в первую очередь вас.

Это как ненависть: она вредит не тому, кого ненавидят, а тому, КТО ненавидит. Сплетники тратят свою энергию, силы, но по закону Вселенной только укрепляют карму того, против кого стараются. Помогают ему, гробят себя. Зачем?!

Избавляться от этой привычки — большой труд. Мы должны постоянно контролировать себя. Человек совершенен уже тогда, когда он борется и справляется со своими пороками, когда он стремится к развитию своей души, ума и тела! И только в таком стремлении он может приблизиться к божественному.

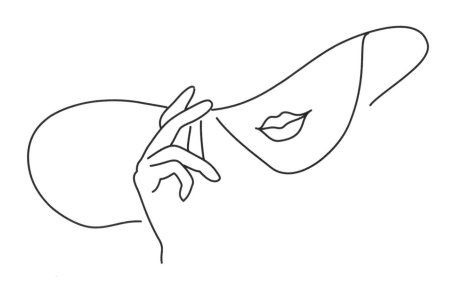

Семья

Семья — самое важное понятие в жизни любого человека, даже если он этого не понимает, отрицает и считает, что все не так. Мы рождаемся в семье, растем, создаем свои семьи и закладываем в них фундамент последующих.

Даже если ваша семья в детстве не была идеальной, вы всегда сможете создать свою — с мужем и детьми. Сделать ее тем местом, куда хочется возвращаться. Где можно черпать силы, брать и отдавать созидательную энергию добра и любви. Где можно найти настоящую безусловную любовь и поддержку. Семья — дом, в котором царит любовь и гармония, счастье и уважение, надежность и верность. Это счастье — создавать что-то прекрасное! Я смогла построить такую семью. Хочу, чтобы каждой из вас хватило мудрости и терпения сделать то же самое.

ВЛИЯНИЕ МОДЕЛИ СЕМЬИ НА ДЕТЕЙ

Есть очень противоречивая фраза. Она звучит так: «Мужчина ведет себя с женщиной так, как она ему позволяет. Бред! Мужчина ведет себя с женщиной так, как позволяют ему его воспитание и уровень развития, а не женщина». Не до конца согласна, тут ответственность и влияние распределяются поровну. Даже джентльмены способны на время обернуться хищниками, если дама их усиленно провоцирует и не уважает себя. И даже в таких ситуациях воспитание — сдерживающий фактор.

А воспитание закладывается в семье. Модель семьи оставляет отпечаток на всей вашей дальнейшей жизни. Подсознание диктует свои правила, детки копируют поведение родителей, впитывают семейную атмосферу. А потом они взрослеют и ведут себя ровно также.

Например, если в семье отец не уважал мать, то его сын вряд ли будет хорошо поступать с женщинами. Его можно научить вести себя иначе, но это большая работа, в том числе психологическая. Если у кого-то в семье была страсть к алкоголю, то и дети вырастут с лояльностью к этой привычке. И так во всем.

Представляете, какую ответственность мы несем за наших детей? Именно сейчас — мы с вами? В наших руках будущее. И наша задача — создать наши идеальные семьи.

МОЙ ОПЫТ

Отец моего мужа всю жизнь заваливал свою жену (мою свекровь) дорогими подарками, никогда не экономил на ней и выполнял любое ее женское желание. Любое украшение, любой отдых, любая прихоть — все всегда исполнялось.

Он всегда очень уважительно к ней относился, ни разу не поднял на нее голос. В их семье подобное недопустимо. И это прекрасно, что есть такие правила. Я считаю, они обязательно должны существовать.

Видя такую модель, мой муж понимал: это — норма, для своей семьи нужно делать все и по максимуму. Полноценная семья — это счастье.

Для девочек очень важно наличие отца в семье! Если он жесток и груб, то, повзрослев, эта девочка может подсознательно искать таких же мужчин, чтобы уже во взрослой жизни доказать им, что она хорошая, что она заслуживает любви. На самом деле доказывать это она будет только своему папе, но внутри своей головы.

Если другая категория дочерей — те, что росли без родителя. Во взрослой жизни они ищут в мужчине отца, чтобы чувствовать безусловную защиту и любовь. К таким отношусь и я.

Я уже рассказывала, что была единственным ребенком в семье и меня растили мама и бабушка с дедушкой. Они делали и доставали все. От лучшей одежды до лучшей школы. От лучших курсов до учебы в Англии (группу детей из нашего города организованно отправили на трехмесячные курсы в британский город Эксетер). Я безумно благодарна своей семье, особенно бабуле. Она сильная женщина, которая тянула на себе всю семью и была для меня примером. Конечно, со временем мне пришлось исправлять определенные ошибки, связанные с этим, именно потому, что в семье была главной женщина, а не мужчина (дедушка).

Но я обоим очень благодарна. У бабушки с дедушкой был бизнес — сеть магазинов по продаже разных световых приборов (люстр, ламп). Они возили товары из Турции и продавали на малой родине. Мама вышла замуж в Греции и тоже отправляла деньги мне на учебу и жизнь. И именно моя семья купила мне в Москве квартиру. Не мужчина! Ни один мужчина мне квартир не покупал, хотя было бы приятно, конечно.

Нет, в меня вкладывались мама, бабушка и дедушка. В отце же я никогда остро не нуждалась — так мне казалось тогда. Он принимал в моей жизни незначительное участие, мы лишь иногда встречались: гуляли и ходили обедать. Но, конечно, в зрелом возрасте его отсутствие сказалось.

Как было сказано выше, такие как я подсознательно ищут в мужчине отца. Подсознательно принимаю роль дочки-девочки. Но даже в этом я ищу плюсы. Обожаю складываться на его груди в комочек, чувствовать сильное плечо и ту самую безусловную любовь. Он — воплощение истинного мужчины: мужественного, сильного, достойного, справедливого и того, кто не сбежит от ответственности, не оставит своих детей.

Сейчас я думаю — как хорошо, что у меня нет обиды. Я также люблю своего отца за то, что он подарил мне жизнь. Этого достаточно и ему, и мне. Но я понимаю, что есть девушки, которые не могут справиться со своей злостью по этому поводу. В таком случае надо прорабатывать личные блоки.

Если говорить о воспитании конкретно девочек, то ни в коем случае нельзя воспитывать их в стиле игнора! Например, ваша дочь совершила проступок, а вы вместо того, чтобы поговорить с ней и все объяснить, сообщаете: «Я не буду с тобой разговаривать, я этого не хочу, ты наказана». Тогда у малышек развивается страх одиночества. Мальчикам легче, они через минуту забудут и пойдут играть в мяч. А в девочках это откладывается на будущее.

Безусловно, нельзя бить ребенка. Рукоприкладство — однозначное зло, которое наносит вред психике.

Не ограничивайте их в фантазии. Детские фантазии имеют очень большое значение для будущего! Все, о чем мы беззаботно думаем в детстве — воплощается. Детская чистая энергия очень мощная. Поэтому, пожалуйста, будущие и настоящие мамы, закладывайте в детей только прекрасные мысли и идеи. Прислушивайтесь к тому, что они хотят. У каждого ребенка есть потенциал и предназначение, надо лишь помочь найти и раскрыть их.

Поколение наших родителей (и родителей наших родителей) делало большую ошибку. Они обрывали наши фантазии и мечты: не летай в облаках! мечтами сыт не будешь! получай серьезную профессию! юрист, финансист, экономист! рассчитывай только на себя!

Всем этим они ставили нам блоки. Но нам надо хвалить детей и поддерживать все их положительные начинания, мы уже говорили об этом в первой главе. И еще нельзя реализовывать свои мечты через ребенка. Если вы не стали тем, кем хотели, не навязывайте эту идею фикс своему чаду. У него свой путь. Дайте ему выбрать.

МОЙ ОПЫТ

У меня не всегда были идеальные отношения с мамой. Тем не менее я всегда мечтала, чтобы мы были подружками. А мои мечты — это мои цели, и в итоге я их достигла. Мы стали дружить с мамой. Но — на расстоянии.

Наш идеальный режим — встречи по выходным и не больше трех дней вместе. Дальше снова нужен перерыв. Нам проще общаться на дистанции, потому что тогда мне легче раскрыться, делиться с ней своей жизнью.

Тем не менее я редко прошу советов. Считаю, что сама лучше всего знаю, как поступить. Жизнь-то моя. Только мои сердце и интуиция могут подсказать верный путь.

Это дает свои плоды, поэтому если речь идет об отношениях с мамой, то мой совет таков: слушай-

*те ее, не спорьте, не ввязывай-
тесь в конфликт, но поступайте
так, как знаете и чувствуете.*

КАК НАЛАДИТЬ ОТНОШЕНИЯ С РОДИТЕЛЯМИ, БУДУЧИ ВЗРОСЛОЙ

1. Устанавливайте правила

Это вполне приемлемо, точно так же, как и в отношениях с любимым. Мы с мамой, например, давно выработали кодекс поведения. Я сказала, чего не хотела бы слышать от нее и что именно меня задевает. Например, критика — я же уж не маленькая, меня выводят постоянные замечания. Или повышенный голос — сразу срываюсь. Мама также высказалась о том, что доставляет ей дискомфорт. Жить и общаться стало легче.

2. Сдерживайтесь от разговоров на эмоциях

В запале можно наговорить такого, что разгребать придется годы. Если вы взвинчены, уходите от конфликтов, лучше промолчите, игнорируйте.

Бывают конфликтные дни по лунному календарю, во время них стоит быть еще аккуратнее. Это 9, 15, 19, 23 и 29 числа. Нам сложно сдерживать себя в эти дни, но — хорошая новость — они проходят. Их надо просто пережить. Старайтесь говорить комплименты родителям, хвалите их, предлагайте помощь.

Если совсем невмоготу, выплесните энергию на что-то. Займитесь упражнениями или уборкой, готовкой. Скоро солнце обязательно появится на горизонте.

3. Но все равно разговаривайте

Я советую сдерживаться, но ни в коем случае не терпеть! Потому что тогда ситуация может перейти в более серьезный конфликт. Внутри накопится обида, и вы захотите ее выплеснуть. И бог знает, какой высоты и разрушительной силы будет эта волна.

Поэтому сядьте и начните спокойный разговор. Постарайтесь искренне объяснить, что вас тревожит. Искренность обезоруживает. Вас поймут. Вы будете услышаны. Тем более родной мамой.

4. Игнорируйте родительский негатив

Многие сталкиваются с негативом родителей. Но их сознание тоже можно перестроить. Да, возможно, на это уйдет много времени, но результат будет. За неделю, возможно, ничего не получится, но за месяц улучшения будут стопроцентно. Объясняйте, давайте литературу, привлекайте к практикам.

Мне удалось повлиять на сознание своих родителей, особенно мамы. Сейчас она изучает астрологию и разбирается в кармических задачах. Стала глубже и мудрее благодаря знаниям, на которые я ее натолкнула. У нее появилось хобби. Она движется по пути огромного личностного роста и саморазвития. Я очень ею горжусь.

Если ваши родственники — энергетические вампиры и тянут из вас энергию либо если вы чувствуете нарастающую ненависть, делайте мини-практику. В течение месяца каждый день говорите им: «Мама (папа, бабушка, сестра), я люблю тебя». Если у вас трудности с тем, чтобы говорить это в глаза, начинайте про себя. Отправляете им энергию любви по несколько раз в день.

Можете начинать в шутливой форме: «Ой, мамочка, спасибо за твои советы, люблю их и тебя!» Ищите причины похвалить, даже если мама (папа, бабушка, сестра) идет на вас с негативом. «Благодарю тебя за все советы, которые ты мне даешь. Спасибо за все, что делаешь для меня! Ты такая молодец, я прислушаюсь!» И уже через месяц будет сюрприз, даю вам гарантию.

И даже при разговоре с подругами старайтесь упомянуть лишний раз, что вы любите свою маму, даже если она вас искренне раздражает. Это даст результаты.

5. Миритесь первой

Будьте терпимее и сдержаннее. Если наступает точка кипения, то уступайте первой. Мы, дочери, моложе, и нервы у нас крепче.

Когда идете заключать перемирие, не продолжайте доказывать свою позицию. Это не примирение. Примирение — это искреннее желание помириться без одержания победы.

Помните, что родителей надо уважать и почитать, как предписывают нам все религиозные учения. Но и приносить в жертву себя, конечно, тоже не надо.

Друзья

Что такое дружба? Это — от всего сердца радоваться за другого человека. Переживать, как за себя. Поддерживать в любых трудностях. Жертвовать. Быть рядом в горе, быть рядом в счастье. Дружба — это огромный дар, огромная ценность.

Мне повезло, у меня есть настоящие подруги. И я благодарю Бога, что рядом со мной такие женщины. Потому что люди вокруг нас — это наше отражение во Вселенной. Настоящие друзья отдаются друг другу всей душой, становятся родными.

Не бойтесь знакомиться и впускать в жизнь новых людей, сколько бы лет вам ни было. Никто не знает, на каком этапе жизни Господь пошлет в нашу жизнь ангела в виде нашего друга.

МОЙ ОПЫТ

У меня в жизни есть подруга, которая послана мне Богом, и она мой ангел ✿. Всегда радуется моим победам, поддерживает, высказывает замечания, если я не права. Я периодически обижаюсь, но понимаю, что она это делает мне во благо.

Мы можем поссориться. Из-за моей вспыльчивости, например. Но наш максимум по «необщению» — несколько дней. Я считаю, что надо идти первой на примирение. Это сила и мудрость, в этом нет ничего зазорного.

Была и менее красивая история в моей жизни. Другая моя подруга разводила про меня сплетни, придуманные какие-то вещи. Я узнала и спросила, зачем она это делает. Она ответила, что просто не могла с собой совладать, ей очень хотелось сделать мне гадость. Я спросила, за что. «За то, что ты красивее, успешнее и с годами становишься только лучше, а я нет».

Человек проверяется временем и ситуациями. Еще если вы чув-

ствуете, что информация о вас всплывает в разных местах, но не понимаете, кто источник, подсказываю простой метод проверки. Запустите утку: придумайте историю, близкую к вашей жизненной ситуации, которая, однако, никогда не происходила. И расскажите ей. Если это всплывет, вы поймете, от кого шла утечка. Слушайте, что ваша подруга говорит о других и рассказывает ли она их тайны вам. Если да, то с такой же легкостью она сдаст все ваши секреты «по секрету» другой подруге. И это однозначно не ваш ангел!

Часто читаю в Инстаграме ваши комментарии о том, что вы хотите подружек, похожих на меня. Я очень ценю это! И хочу быть ближе с каждой из вас и каждой

успеть помочь. Пишите мне всегда, я все читаю, даю обратную связь по возможности. Я всегда с вами! Ваша подружка Олеся.

ДРУЖБА МЕЖДУ ЖЕНЩИНАМИ

Я не просто так сравниваю подруг с ангелами. Они действительно посланы нам Богом, чтобы помогать, остерегать, защищать. Настоящая подруга всегда вас поддержит и никогда не осудит, примет такой, какая вы есть!

Если вы поступаете неправильно, она скорректирует, покажет, что вы не правы. Наставит на путь истинный, а не будет смотреть на ваши промахи и поддерживать путь по наклонной. Псевдоподруги могут специально промолчать и поддержать вашу ошибочную идею. Надо следить за этим!

«КОГДА ЖЕНЩИНЫ КРЕПКО И ВЕРНО ДРУЖАТ ДРУГ С ДРУГОМ, У НИХ ПРОИСХОДИТ ГАРМОНИЗАЦИЯ УМОВ, ОНИ НАПИТЫВАЮТ СВОЮ ЧУВСТВЕННУЮ СФЕРУ, ЗАПУСКАЮТ МЕХАНИЗМ ЦИРКУЛЯЦИИ ЖЕНСКОЙ ЭНЕРГИИ, ТЕМ САМЫМ НАКАПЛИВАЮТ ЕЕ».

В каком-то плане дружба — это взаимовыгода. И нет ничего плохого в этом слове, потому что если вам есть, что дать своей подруге, то она тоже должна вам что-то дать взамен. Это верно по законам Вселенной! Таким образом между вами протекает правильный энергетический обмен! Вы обмениваетесь знаниями, опытом, мыслями, чувствами. Вы даете друг другу теплоту, заботу, верность, радость.

Когда женщины крепко и верно дружат друг с другом, у них происходит гармонизация умов, они напитывают свою чувственную сферу, запускают механизм циркуляции женской энергии, тем самым накапливают ее. Общение должно приносить вам радость!

В некоторых женщинах сидит зависть к подругам, и это проблема. Найти ту, что будет радоваться вашим успехам, как своим собственным, — сложно. Тем более если вы в чем-то не равны: в деньгах, положении, возможностях. Поэтому я советую находить подругу, равную вам по ментальному и финансовому положению, чтобы не было искушения и зависти! Конечно, есть исключения из правил, как и везде. Но чаще всего такие неравенства заканчиваются неудачей.

Еще бывает соперничество между подругами, и оно разрушает женскую дружбу. Если вы хотите сохранить от-

ношения, договоритесь уступать друг другу и откажитесь от желания пойти напролом, доказывать свою правоту во что бы то ни стало.

Ситуация может обостриться, если на горизонте появился мужчина. Но мужчины приходят и уходят, а подруги остаются. Если же вам понравился один кавалер, здесь уже выбор исключительно за ним. Как бы это ни было обидно.

ДРУЖБА МЕЖДУ МУЖЧИНОЙ И ЖЕНЩИНОЙ

Существует. Но только если этот мужчина гей. Если же у него традиционная ориентация, ничего не получится!

Вы можете считать, что вы дружите, рьяно отстаивать эту позицию, доказывать, что пол не важен, но рано

123

или поздно поймёте, что были не правы. Это лишь вопрос времени!

Если вам кажется, что вы дружите с мужчиной, и вы ничего к нему не чувствуете, и вообще он вам как брат и лучшая подружка, остановитесь. Он не думает так же про вас. И либо он скрывает свои мысли, либо еще не понял. На подсознательном уровне он все равно видит в вас женщину (тем более если вы красивая женщина; мужчины любят глазами и с красотой точно не дружны, они хотят ею владеть).

Если вас притянуло друг к другу и кажется, что это притяжение дружеское, разочарую. Это обычное энергетическое притяжение мужчины и женщины. Есть симпатия? Это не дружба. Есть влечение? Это не дружба. Дружба с одной стороны (а с другой — влюбленность, симпатия) — это не дружба.

Ну и конечно, нет никакой дружбы после секса. Если у вас были отношения, то будьте уверены: секс повторится с вероятностью 99%. Это лишь странная незаконченная связь!

Враги — это люди, к которым вы испытываете негативные чувства. Я надеюсь, что вы не придумываете себе неприятелей или избавляетесь от этой привычки.

Люди, которые испытывают негативные чувства к вам — не враги нам, они не входят в вашу энергетическую систему, потому что все их отрицательные вибрации разрушают исключительно их души.

Но зачем? Почему люди уродуют свою жизнь негативом? Как можно ее разрушать своими собственными руками? Для чего по своей воле проектировать себе потерянное будущее?

Есть люди, одержимые ненавистью и живущие чужой жизнью. Они есть и в офлайне, и в онлайне. Поскольку мой круг общения очень чист и светел, с такими людьми я сталкиваюсь в основном в Инстаграме. Они пишут гадости, они травят, они специально выводят на злость. Я стараюсь не обращать внимание на негатив, сразу вношу их в блок, но есть и такие, что заново создают страницы, лишь бы написать какую-то гадость.

Эта ненависть — их душевная рана и внутренняя обида, это крик о том, что их просто недолюбили. Злость и ненависть — всего лишь скрытая мольба о любви. Но какой бы неблагополучной ни была среда, надо вырываться из нее, стремиться перестроить мышление и возвести свою жизнь с нуля. Добро пробивает все стены!

Но самое интересное, что ненавистники отдают свою энергию и нарабатывают карму тому, кому адресованы их негативные чувства. Они отдают себя на созидание другого человека, разрушая свой внутренний мир.

Именно поэтому от ненависти страдают только те, КТО ненавидит, а не те, КОГО ненавидят. Так что если в вашем сердце поселилась злоба, это опасно именно для вашего здоровья и вашей жизни. Своим злом и негативом вы притягиваете к себе печальное будущее, болезни и беды.

Как с этим бороться? Направлять свое время и свои мысли на созидание, а не на разрушение. Попробуйте начать радоваться за других, и ваша жизнь начнет меняться, пойдет в гору. Вселенная сильно и благодарно награждает за такие изменения.

МОЙ ОПЫТ

Десять лет назад я была абсолютно не такая. Была надменна, слишком сконцентрирована на себе, зациклена на всем внешнем. И никакие сорняки из своей души я выпалывать не хотела.

Мне было двадцать, я стояла в очереди на сеанс кино и внезапно поймала взгляд какой-то девушки. Она усмехалась, а может, просто улыбалась, но во мне преобладали не лучшие качества, и я расценила это как насмешку. И — вы не поверите — я начала с ней разбираться! Сказала что-то грубое, она ответила, ужас! Мне кажется, вполне могла завязаться драка. Я ушла с ненавистью в сердце!

Сейчас мне сложно представить подобное поведение. Сейчас при зрительном контакте с человеком я автоматом хочу ему улыбнуться. Мне даже в голову не приходит как-то фыркнуть на него, надменно посмотреть или обидеть. Я очень боюсь обидеть, пусть лучше меня кто-то обидит десять раз, чем я.

И я реально не злюсь на тех, кто меня ненавидит. Иногда в ответ на грубость и жестокость я испытываю только один порыв: обнять этого человека и поговорить! Клянусь, я уверена, что смогла бы изменить его.

Верю в чистоту души каждого. Просто за злостью скрываются обиды, за обидами — раны. Но за всем этим, в свою очередь, дрожит хрупкая душа доброго человечка, хоть что мне говорите!

Мы все родились ангелочками, все были с чистыми глазами и непорочной душой. И Господь заложил в каждого из нас частицу света. Просто общество, воспитание и современный ритм накладывают на нас не самый хороший отпечаток. Но никогда не поздно поменяться. Никогда не поздно что-то изменить.

Благодарите ненавидящих вас и молитесь за них.

ПРАКТИКА

Как влюбить в себя мир

Мы сами — целая Вселенная! Мир устроен очень зеркально, поэтому мы — отражения и частички всего, что создано! Тот же принцип лежит в работе кармических законов, они возвращают нам все то, что мы посылаем вовне.

Чтобы получить что-то прекрасное от мира, нам надо давать что-то прекрасное миру. А чтобы давать что-то прекрасное миру, надо самим быть прекрасными внутри. Посадите в своей душе великие сады, заселите их птицами, проложите русла бескрайних рек положительной энергии и любви!

«Любовь» — ключевое слово. Она исцеляет абсолютно все, это самая большая сила на Земле! И не красота спасет мир, а любовь! Чистая, живая, искрящаяся, бесконечная. Красота увядает, у нее есть конец, и только любовь бьет вечным ключом. Полюбите этот мир — и он влюбится в вас.

Наладьте питание, начните заниматься спортом, улучшите образ жизни и образ мыслей. Вы будете довольны собой, и уже это автоматически сделает вас счастливее.

«Я ЛЮБЛЮ ЭТОТ МИР» 😺

1) Проснитесь без будильника. Встаньте, откройте окно, запустите утро в комнату.

2) Закройте глаза. Вдохните свежий воздух полной грудью. Выдохните. Продолжайте дышать минуту, две, три.

3) Старайтесь расслабить мысли и вообще ни о чем не думать. Испытайте наслаждение от того, что вы живете и можете дышать. Почувствуйте благодарность за то, что вам

предоставлен такой дар — жизнь! У вас есть право жить на этой планете! Вы можете чувствовать!

4) Посмотрите на небо. Произнесите: «Я благодарна за то, что могу наблюдать красоту природы этого мира. Я люблю его, а он меня!» Это не просто ритуал. Вам надо прочувствовать эту фразу каждой клеточкой тела. Ощутить все.

5) Закройте глазки! Вдохните свежий, чистый воздух. Откройте глаза снова и произнесите: «Я благодарна за то, что могу дышать полной грудью. Я люблю этот мир, а он любит меня!»

6) Улыбнитесь миру своей самой доброй и искренней улыбкой. Прочувствуйте каждой клеточкой, как вы наполняетесь гармонией и счастьем.

7) Произнесите: «Я благодарна за то, что могу быть счастливой, чистой душой и наполненной энергией!»

Теперь вы светитесь изнутри. Идите смело покорять этот мир! Теперь он самый добрый и дружелюбный для вас!

КАК ИЗБАВИТЬСЯ ОТ НЕГАТИВА

АФФИРМАЦИОННАЯ ПРАКТИКА 🎧

1) Уединитесь. Найдите максимально ...тное помещение. Если такое ...не получается, постарайтесь ...льно далеко уйти от людей.

2) Сделайте глубокий вдох. Затем выдохните весь воздух. Расслабьте ваше тело.

3) Скажите себе: «Прямо здесь и сейчас я освобождаюсь от всего напряжения. Я освобождаюсь от всех страхов. Я достойна самого лучшего. Я спокойна, и я принимаю людей такими, какие они есть. Я в безопасности».

4) Выполняйте эту практику в критические времена. Верьте в эти слова, верьте в себя. У вас все получится.

«ЦЕРЕМОНИЯ СОЖЖЕНИЯ»

Надо уметь отпускать — и людей, и ситуации, и чувства. Если вы понимаете, что в душе живет злость, негатив, надо очиститься от этого. Отпустить, отдать — значит стать щедрым к себе. Эту практику надо выполнять на убывающую луну.

1) Приготовьте железную емкость (лучше всего купить для этого отдельную миску), щипцы (любые, которыми можно взять предмет, избегая контакта с телом) и свечу.

2) Опишите на листе бумаги ту ситуацию, что вас разрушает. Не бойтесь плакать, если душит обида. Слезы тоже горят, пусть с ними выйдет как можно больше боли.

3) Возьмите этот листок щипцами, поместите над миской и подожгите. Смотрите, как он горит. Чувствуйте,

что чем меньше он становится, тем меньше становится ваша злоба. Вся ненависть сгорает. То пространство, что она раньше занимала, теперь надо заполнить положительными установками и любовью.

4) Помойте руки. Умойте лицо. Проговорите аффирмации на любовь к себе. Следите за мыслями и блокируйте негативные.

КАК ЗАЩИТИТЬСЯ ОТ ВРАГОВ

Мы уже говорили, что те, кто считает нас врагами — не враги нам. Но для удобства мы примем эту формулировку.

Господь молился за тех, кто распинал его на кресте. Молитесь за тех, кто вас ненавидит. Молитесь за тех, кто считает вас врагом. Молитесь за то, чтобы в их жизни пришла любовь и осознанность. Чтобы сердца стали добрыми, а души светлыми. Чтобы все беды ушли через смягчение нрава и познание любви.

ТРАНСФОРМАЦИЯ НЕГАТИВА В ЛЮБОВЬ —+

Практика делается перед сном, когда вы ложитесь в постель.

1) Вдохните. Задержите дыхание. Представьте, что весь негатив, который есть у вас, сейчас клубится черным дымом внутри.

2) Выдохните этот негатив, этот темный воздух. Дуйте сильно, чтобы ничего не осталось внутри.

3) Расслабьте тело и закройте глаза. Представьте, что вы легкая, как облачко, и кружите в нежной белой дымке. Вы вся среди нежного лучистого света.

4) Вдохните глубоко полной грудью. Представьте, что этот дым просачивается в ваши легкие и наполняет все тело.

5) Напрягите все тело на 30 секунд. Выдохните. Затем расслабьтесь. Сделайте это упражнение трижды.

6) Представьте, что вы излучаете любовь каждой клеточкой. Вы легки и невесомы, также продолжаете парить. Почувствуйте, что нечто прекрасное скоро придет в вашу жизнь. Побудьте в этом состоянии. Вам становится хорошо, тепло и уютно. Прилив сил и успех завтрашнего дня вам гарантирован.

КАК ВЫПЛЕСНУТЬ ГНЕВ ☹

Если вы очень раздражены и чувствуете нарастающий гнев, не стоит его обращать на обидчика. Есть более безопасный способ ✋

1) Уединитесь.

2) Возьмите семь листов бумаги формата А4. Положите их на поверхность перед собой. Положите руку на первый лист.

"

Злость и ненависть — всего лишь скрытая мольба о любви. Но какой бы неблагополучной ни была среда, надо вырываться из нее, стремиться перестроить мышление и начать свою жизнь с нуля. Добро пробивает все стены!

#АффирмацииОм

3) Вдохните и одновременно сожмите первый лист в своем кулаке на резком выдохе. Медленно досчитайте до семи.

4) Повторите это действие с каждым листом. Выплесните на них всю злость и отрицательную энергию.

5) Дойдите до раковины в доме. Возьмите в руки бумажный ком и поместите под воду. Вода — проводник. Она смоет весь ваш негатив.

6) Повторите это действие с каждым листом. После этого их можно выбросить в мусорную корзину.

ПРАКТИКА ПРОЩЕНИЯ 🎧

1) Зажгите церковную свечу.

2) Мысленно проведите диалог с вашим обичиком и постарайтесь его простить. Проговорите: «Я знаю, что мы оба злимся. Мы оба делаем это зря, злость разрушает. Давай взаимно друг друга простим».

3) Помолитесь за него и пожелайте счастья.

4) Поблагодарите Господа за то, что посылает вам только те испытания, что вы в силах выдержать.

КАК СНЯТЬ ДЕНЕЖНЫЙ БЛОК

Любая мысль — это энергия и материя, в том числе мысль о деньгах. Поэтому все, что мы думаем о финансах, рано или поздно воплощается в реальности.

Многие люди ставят себе денежный блок, когда считают, что деньги — это зло, деньгами обладают только плохие люди, которые наворовали эти деньги, нечестным путем заработали. Себя они, само собой, к этим людям не причисляют, и мозг решает, что они не должны получать деньги. Но на самом деле деньги — не зло. Деньги не хорошие и не плохие, и не надо их отождествлять с какой-то силой. Мы сами наделяем их энергией.

МОЙ ОПЫТ

Однажды я поделилась со своим батюшкой переживаниями, которые касались денег. Сказала, что не смогу без них, что мне нужно жить в роскоши, что я не смогу полностью отдаться духовной жизни. Батюшка ответил: «Дорогая моя. Духовная жизнь не есть проживание жизни без денег. Жить духовной жизнью можно при очень больших средствах, оставаясь при этом хорошим человеком, который помогает людям, потому что у него есть возможность это делать. Иметь большие деньги — не грех, главное, чтобы они были заработаны честным, достойным путем».

В другой раз мы разговорились с мужем об общепринятом ут-

верждении «деньги портят людей». Я всегда была согласна с этим мнением, отчасти стереотипном. Мне казалось, что большие  стопроцентно не пойдут никому на пользу. Но супруг сказал очень крутую вещь: если есть стержень, принципы и правильное воспитание, то деньги никогда не смогут тебя испортить. А если человек слабый, бесчестный, то он таким будет и в достатке, и тем более — в бедности. Кто от природы подлец, тот с деньгами станет подлецом в квадрате. Тот же, кто великодушен и щедр, с деньгами будет только ярче светить своим внутренним светом. Как минимум у него появится больше возможностей помочь тем, кто нуждается.

И мой муж прав. Действительно, все зависит от внутреннего богатства. Деньги не портят человека, а проявляют и усугубляют его качества. Они не могут сделать хуже поистине благородных людей с добрым сердцем. Если же все-тики сделали, значит, эти люди были слабы и непорядочны с самого начала.

Так вот, мои милые, не деньги делают богачей жестокими и надменными, а внутренние слабости и пороки, которые благодаря деньгам лишь вырываются наружу.

ДЕНЕЖНЫЙ ОБМЕН 🐾

Настройка на денежный поток работает очень просто. Вселенная не даст вам денег, пока не получит от вас денег. Это энергия взаимной отдачи. Отдаете — получаете.

Поэтому каждую неделю надо кому-то помогать. Оставлять на чай, жертвовать, угощать в кафе подругу. Вернется больше, но думать в этот момент надо не об этом, а о том, что вы счастливы отдавать и бескорыстно помогать. Ваши деньги пошли на благо.

Это такой денежный поток. Вам вернется то, что вы даете Вселенной. А насколько быстро и насколько много — это уже зависит от того, с какой верой и с какими мыслями вы расставались с этими деньгами.

ЛУННЫЕ НАКОПЛЕНИЯ 🟢

Копейка рубль бережет, так говорили раньше, так стоит думать и теперь, сколько бы денег у вас ни было.

1. Возьмите себе за правило откладывать каждый день в копилку по определенной сумме денег. От каждой по возможности, это может быть 100 рублей, 1000, 5000 и так далее. То, что будет для вас, что называется, «невелика потеря». Денежная энергия начнет клубиться рядом с копилкой и притягивать в дом финансовые возможности. Деньги любят накопление.

2. Заведите привычку: раз в месяц радовать себя и тратить эту денежку на женские слабости, какую-то мелочь. Накопили на нее, купили и радуете себя. И понимаете, что все ок, что у вас есть деньги, что вы можете себе это позволить.

3. В лунные ночи кладите кошелек на окно (сверьтесь с календарем, это всегда определенные лунные сутки).

4. Ну и на всякий случай повторю пройденное: никогда не говорите «у меня нет денег». Забудьте эту фразу, вычеркните из своего лексикона. Надо говорить наоборот: у меня есть деньги, я финансово стабильна.

ПРАКТИКА ДЕНЕЖНЫХ СИМВОЛОВ

У каждого денежный талисман может быть свой. У меня это неприкосновенная стодолларовая купюра. Она всегда там, это ее домик.

Кто-то подкладывает мышек из разных материалов. Кто-то подковки. Кто-то иконки. Почему нет? Сила нашего подсознания велика, а нашей энергии — еще больше.

ШКАТУЛКА СОЛНЦЕСТОЯНИЯ 🎁

И еще ритуал, который я проделываю каждый год в преддверии единственного дня в году — зимнего солнцестояния. Я покупаю шкатулку и закладываю туда одну купюру или купюры одинакового номинала. А затем каждый месяц по одной или несколько купюр докладываю — того же числа. В течение года эта шкатулка неприкосновенна, а в начале нового я все эти деньги трачу на благо. Этот закон приумножения денег работает всегда.

Ты и мужчина

Идеальный мужчина ♥

Каждая девочка мечтает в детстве об идеальном принце. Рисует в голове его образ: как он выглядит, как говорит, чем занимается. Она мечтает, что однажды они встретятся, полюбят друг друга, создадут семью, будут жить долго и счастливо. Но вокруг все твердят: это сказки, это розовые очки, такого не бывает, не живи мечтами. Вот что я хочу сказать, мои хорошие: не надо слушать этих людей! Да, всегда стоит смотреть на мир здраво, знать свою правду и не витать в облаках. Но идеальные мужчины есть, и каждому нужна своя королева. Не соглашайтесь на меньшее, не идите на компромисс.

Все женщины мечтают встретить своего идеального мужчину (и не только женщины, о-ля-ля ☺). Все мы ищем своего прекрасного принца, это прав-да, от нее не убежишь. У всех свой список необходимых характеристик Того Самого, однако есть определенный набор качеств, на который рассчитывает почти каждая девушка. У большинства из нас он идентичен (а если нет, то, скорее всего, вы просто не задумывались о каких-то аспектах личности).

Кто-то может сказать, что определенные качества, которые будут описаны ниже, не нужны мужчине или не обязательны, или вовсе его унижают (например, забота о женщине). Что я могу на это ответить? Это вопрос ментальности, развития, уровня. А еще — уверенности в себе. У этих людей есть огромный перечень того, что не должен делать мужчина. Но правда в том, что мужественность настоящего героя не может поколебать ничто.

Среди миллионов людей так сложно отыскать своего человека. У кого-то уходят годы, десятилетия, кто-то так и не находит совпадений по желанным параметрам. Все мужчины разные, со своими особенностями, взглядами, установками. Да и мы все тоже не под копирку созданы. Один и тот же мужчина может вести себя по-разному с разными женщинами, для каждой быть иным. Для одной — идеальным, щедрым, готовым на подвиги. Для другой — самым плохим, суровым, безответственным. Чаще всего дело в женщине, но есть и исключения (особенно, если речь идет о совсем сложных индивидах, лишенных воспитания и уважения к дамам).

Поэтому мой совет: слушайте свою душу. Если ваше сердечко поставило зеленую галочку напротив каждого пункта, нет сомнений, что это ваше.

КАЧЕСТВА ИДЕАЛЬНОГО МУЖЧИНЫ

Любящий

Любовь — вне нумерации, основа по умолчанию. Любовь взаимная, крепкая, настоящая, где каждый готов жертвовать чем-то ради друг друга. Без нее никуда.

В отношениях, построенных на любви, есть духовная чистота, когда вы доверяете друг другу как себе, когда все взаимодействие строится на стопроцентной искренности. Иначе вы не одно целое, вовсе не половинки, а просто рядом находящиеся друг с другом люди.

О любви женщина должна не просто знать, она должна ее чувствовать, каждой клеточкой, каждую минутку! Мне всегда было — и будет — необходимо очень много внимания, ласки и заботы. По-другому я просто не смогу, это часть моей личности, я это я. Иногда я капризничаю, порою могу быть ну очень вредной — как и любая женщина! Счастье, когда мужчина может и знает, как вытащить свою любимую из этого состояния.

Ответственный

Мужчина — голова, женщина — шея. Мужчина — добытчик и защитник. Именно мужчина должен нести ответственность за семью, именно он должен заботиться о том, чтобы ваш дом был вашей крепостью. Да, насколько эта крепость будет уютной, зависит от женщины. Но рвы, крепостные стены и прочие фортификационные сооружения возводит мужчина. Без ответственности не имеет значения, насколько он богат, сколько денег на его банковском счету. Потому что все эти средства вполне могут обойти стороной и вас, и ваших детей. Увы, таких примеров много, к сожалению. А если мужчина ответственен, он сделает все, чтобы вы ни в чем не нуждались.

Надежный

Настоящий мужчина всегда будет крепким тылом для своей любимой. За мужчиной женщина должна быть как за каменной стеной! Мы с мужем еще на стадии «встречаемся» пережили вообще все, поэтому я знаю, о чем говорю. Я устраивала ему проверки (о них мы будем говорить дальше), и если бы каждая из них не была пройдена, мы бы не сошлись. Нам рядом нужен Мужчина, а не мужской пол!

Щедрый

Щедрость мужчины должна проявляться во всем — и в материально-физическом аспекте, и в духовном. Если мужчина скуп на эмоции по отношению к женщине и приятные слова, то ей будет очень тяжело, некомфортно и одиноко. Эмоции и чувства — основа отношений. И эту основу должны строить двое. Щедрость сердца — великая сила.

Что касается денег, то не первостепенно, сколько конкретно у него лежит в активах. Важно, сколько он готов на вас потратить, потому что при огромных доходах некоторые мужчины вообще не расходуют ничего на своих подруг и спутниц.

Это неправильно. Мужчина должен тратить деньги на женщину, даже если у нее есть дополнительный доход. По-другому и быть не может. Все.

Романтичный

Если вы планируете провести со своей второй половинкой всю жизнь, то согласитесь — прожить ее в сказке куда заманчивее, чем в среднестатистической бытовой повести.

Представьте себе картину: внимательный мужчина любит проводить с вами свободное время, устраивать сюрпризы, организовывать вечера вдвоем, ходить по лучшим ресторанам, ужинать с видом на море, горы или красивый город, смотреть на вас полными обожаниями глазами, восхищаться и строить совместные планы.

Красивая и желанная картина, верно? Вот, что такое романтичность. Женщинам это жизненно необходимо, потому что все мы рождены для любви.

Харизматичный

Мне никогда не нравилась фраза «красивый мужчина», я считаю, что это неправильная характеристика по отношению к представителям противоположного пола. Красивой может быть женщина (и ей стоит быть таковой, не так ли?). Мужчина — привлекательный, причем привлекательным ему надо быть именно для вас (я вообще люблю глазами, мне очень важны рост, атлетическое сложение, красивые пропорции лица, однако некоторые мои знакомые девочки в восторге от лысинок и животиков, и это нормально).

Тогда как же описать внешность потенциального идеала? В английском языке есть замечательное слово handsome! Ты не можешь сказать про мальчика beautiful, а вот handsome — идеально!

И я считаю, что в мужчине важна не красота, а харизматичность. Что-то, что будет тебя цеплять, кружить голову, то, от чего у тебя будут подгибаться колени.

Физически привлекательный

Мужчина должен быть физически сильным, это очень важно. Во-первых, такой мужчина всегда сможет защитить вас и вы будете это понимать на подсознательном уровне. Во-вторых, если вы признаете его тело сильным и привлекательным, значит вы подходите друг другу на физиологическом уровне. Это так вдохновляюще, как будто сама природа создавала вас друг для друга. Это ли не знак?!

Тело вашего мужчины должно быть для вас мечтой. Его запах, его кожа... мммм ☺ Совпадение в сексе обязательно!

Обеспеченный

Не знаю, как ваши, но вынести мои высокие запросы — еще полбеды, их надо еще и содержать. Да-да, все знают, сколько женщина тратит на себя, и я тоже никогда не скрывала, что по своей сути — очень и очень затратная женщина. Все и всегда это знали, в том числе окружающие мужчины, поэтому они заранее прикидывали, стоит ли им вообще пытаться за мной ухаживать. Себя надо высоко ценить каждой женщине — за реальные заслуги и работу над собой.

Я всегда говорила, что деньги не первостепенны! Но также говорила, что без них никак не обойтись и они обязательно должны быть! И мужчина должен уметь их заработать САМ! Иначе он просто не реализует свой потенциал. Но всегда помните, что деньги — лишь средства и возможности. И это не показатель того, что человек, обладающий ими, достойный мужчина! Учитывайте всю картину целиком.

Может быть для вас это все слишком общие слова? Ну что ж, давайте пройдемся по конкретике. Несколько примеров того, что по умолчанию делает идеальный мужчина.

ИДЕАЛЬНЫЙ МУЖЧИНА

- *заботится о вас, когда вы устали*
- *переживает, голодны вы или нет*
- *следит, тепло ли вы одеты в холод*
- *всегда внимательно вас слушает*
- *если видит, что вы грустная, искренне спрашивает, что случилось*
- *тут же предлагает варианты решения проблемы*
- *делает, если сказал, потому что его слова никогда не расходятся с делом*
- *бросает все дела и приезжает, если он вам срочно нужен (если вы прокололи колесо, если вы заболели и вам нужны лекарства)*

- *выполняет данные обещания*
- *откликается на любую просьбу*
- *помогает деньгами даже в период ухаживания*
- *всегда сам интересуется, не надо ли что-то купить*
- *разделяет с вами обязанности по дому*
- *если вы устали — берет на себя ваш функционал по дому*
- *проявляет к вам повышенное внимание во время беременности (это вообще не обсуждается): оберегает, балует подарками и вкусностями, массирует уставшие ножки и шейку, приносит травяной чай.*

Но откуда берутся эти герои из волшебных книжек? Их создают ✍. Сначала Бог, потом родители, общество и, наконец, — женщина жизни. Та, что когда-то врезалась в память, произвела неизгладимое впечатление

(для кого-то и сквозь годы продолжает производить). Женщина-мечта — именно она оказывает самое большое влияние на его становление. Идеального мужчину всегда делает идеальная женщина.

Идеальная женщина

Мы уже говорили о природе женщины и том, какой она задумана Богом и Вселенной. Но сейчас мы посмотрим на эту тему под несколько другим углом — какие женщины создают идеальных мужчин.

Знаете выражение «вода камень точит»? Вот в нашем случае вы — это вода, а камень — это он. Все его острые углы способна обточить ваша плавная, легкая и пластичная сущность. Только женщина может заставить мужчину стать идеальным, идеальным именно для нее. И не словами и упреками, а делами и отношением. Она вдохновляет его на изменения, знает, как это сделать, знает, какие струны души надо затронуть, чтобы он захотел свернуть ради нее горы. Только своей энергией женщина раскрывает потенциал мужчины, только искренностью, любовью и мудростью.

Вы спросите меня: «Но ведь если именно мы создаем идеальных героев романа, они никогда не достанутся нам совершенными, мы как будто будем готовить их для других?» Нет, мои дорогие. Все индивидуальны, и вы рано или поздно все равно встретите того самого, кто обладает необходимым вам базисом качеств, останется только немного подкорректировать. Это, впрочем, не отменяет того, что для кого-то — да, вы вполне можете быть идеалом, который ему не достанется, но на который он будет равняться при дальнейшем жизненном выборе спутницы.

Беда в том, что женщины полны сомнений. Они подсознательно боятся не найти своего человека, остаться в девичестве, состариться в одиночестве. Эти мысли, даже если мы их старательно гоним от себя прочь, остаются в подсознании, и с этим надо работать (мы уже разобрали методику такой работы в первом разделе). Нельзя ставить себе блоки такими мыслями. Надо, наоборот, благодарить Господа и Вселенную за нынешнюю ситуацию, и тогда вам придет в ответ новая — во сто крат лучше.

«ТОЛЬКО ЖЕНЩИНА МОЖЕТ ЗАСТАВИТЬ МУЖЧИНУ СТАТЬ ИДЕАЛЬНЫМ, ИДЕАЛЬНЫМ ИМЕННО ДЛЯ НЕЕ. И НЕ СЛОВАМИ И УПРЕКАМИ, А ДЕЛАМИ И ОТНОШЕНИЕМ».

Говорите себе: «Я счастлива здесь и сейчас, я благодарна за то, что имею, я люблю себя и всех людей, я счастлива и предвкушаю все самые лучшие события моей жизни, я готова к ним». Вы должны быть счастливы сами с собой, независимо ни от кого и ни от чего. Ни от каких-то факторов или обстоятельств, или даже нынешнего уровня жизни! Тогда к вам будут тянуться. Тогда вы будете приближаться к званию идеальной женщины.

КАЧЕСТВА ИДЕАЛЬНОЙ ЖЕНЩИНЫ

Довольная

Настоящая женщина всегда всем довольна! Да, я знаю, что это очень сложно, но к этому надо стремиться. Мне тоже часто непросто, я могу быть угрюмой, вредной, раздраженной, и настроение может прыгать как кролик, особенно в ПМС. Но каждый раз, когда я представляю, какой могу показаться вредной и причитающей, внутри сразу появляются ресурсы работать над собой, своим характером и своими зловредностями.

Хочется сказать гадость — сделайте наоборот и скажите доброе слово.

Хочется уколоть человека — сделайте наоборот и скажите комплимент.

Раздражитель наверняка тоже будет обескуражен и улыбнется, потому что то, что мы транслируем в мир, обязательно возвращается к нам обратно. И энергией недовольства мы просто разрушаем свое женское пространство, свою силу!

Я всегда пропагандирую простую истину: жизнь — легка и прекрасна! Кто-то скажет, что так можно рассуждать, если только все в жизни складывается и ни о чем не надо переживать, а на самом деле жизнь трудна и полна препятствий. Мне есть что на это ответить.

Жизнь легка, но без труда и усилий вы не получите ничего. Жизнь — это борьба, но не тяжелая и изнурительная (как некоторые представляют ее в своих головах), а веселая и интересная. Это прекрасное и мегаувлекательное приключение, со своими сценариями, неожиданными поворотами и приятными событиями. Как сложная, но захватывающая компьютерная игра.

Вы думаете, я не такой же человек, как вы? И не сталкивалась со сложностями, препятствиями и бедами? Зря, потому что да — такой же, и да — сталкивалась. Просто я никогда не отчаиваюсь и стараюсь не замечать плохого, либо быстро-быстро его забывать. Идти по жизни с огромной оптимистичностью трудно, но это и есть та самая работа. Как мы уже выяснили — весьма увлекательная 😊.

Ухоженная

Этим словом я объединила красоту, сексуальность и внешние данные. Все это привлекает мужчин в первую очередь. Встречают по одежке как-никак, и чтобы разглядеть вашу душу, муж-чине надо заинтересоваться вашей внешностью. Мы в конце концов тоже ищем привлекательных партнеров.

Развивайте и совершенствуйте свою красоту, взращивайте в себе сексуальность. Но не путайте с вульгарностью, пожалуйста. Она привлечет только определенных мужчин и лишь на короткий срок.

Женственная

Ну, об этом мы тоже вдоволь говорили в первом разделе, поэтому я лишь напомню, что мужчина ищет в вас именно женщину. Нежную, мягкую, воспитанную, ранимую, но в то же время гордую. Сочетание несочетаемого! Уделяйте время себе и своей сущности, культивируйте необходимые качества, будьте противоположностью мужчины, к которой он станет тянуться, будьте его недостающей половинкой.

И не забывайте про сексуальность. Пленительная женская сущность всегда сексуальна. Развивайте это в себе.

Реализованная

Мужчин интересуют умные и реализованные женщины. Женщина без увлечений и хобби быстро надоест. Женщина, которая все время сидит дома и ТОЛЬКО растит детей, даже не заинтересует. Обидно? Немного. Но мы же все хотим успешного мужчину, такую же женщину хотят и они 😊. Все честно!

Порядочные мужчины всегда помогают женщинам, но под таких часто маскируются и непорядочные, те, что могут пользоваться своим положением. Такой человек знает, что его возлюбленная зависит от него материально, и может этим пользоваться: манипулировать, изводить, ограничивать свободу, вить веревки. Согласитесь, реализованная женщина такого не позволит. Поэтому мужчина подсознательно относится к такой женщине иначе.

Образованная

Опять возвращаемся к теме, что образ милой и очаровательной глупышки работает недолго. Достойных мужчин привлекают интересные в общении и начитанные девушки! Только не надо перебарщивать, слишком умные (тем более заумные) могут их отпугнуть. Важно быть развитой и базово образованной.

И конечно не надо забывать про женскую мудрость и умение по-женски лавировать в отношениях! Ведь какими будут отношения, во многом зависит от женщины.

С чувством собственного достоинства

Мужчин привлекают женщины, которые уважают себя и никогда не дадут в обиду! Если мужчина поступает плохо по отношению к ним или предает, они сразу уходят, они не проща-

ют. И вы не смейте таких прощать. Развивайте свое чувство достоинства.

Женщина должна себя уважать уже за то, что она женщина, что она есть. Часто, кстати, причина отсутствия личной жизни и семьи кроется в слабом достоинстве. Что это значит?

Порою женщины идут на секс с мужчиной сразу, как только почувствуют малейшее притяжение. Иногда это происходит буквально в считаные часы после знакомства. Мужчина же, в свою очередь, сразу же теряет к ней интерес, потому что он уже добился желаемого.

Открою вам страшный секрет: мужчины не хотят семьи от рождения, это не их природа, они вольные хищники. Привести их к обратной мысли можно, но на это требуется выдержка, требуется приложить силы: отстраняться, удерживать на расстоянии.

Он должен влюбиться, приносить под дверь цветы, с замиранием сердца ждать встречи! И вот когда он станет добиваться вашей любви, у него разовьется чувство ответственности. Только после этого он захочет на вас жениться и будет всю жизнь ценить ваши отношения.

Разная

Это очень важно. Быть гармоничной, быть сбалансированной, уметь держать в равновесии и единстве все полярные полюса. Быть одновременно женственной и сильной, образованной и ненапряжной, самостоятельной и беззащитной, сексуальной и скромной, внешне и внутренне красивой. Постоянно менять свои роли и состояния (мы обсуждали их в первом разделе)

Ведь есть умопомрачительные одинокие или брошенные красотки. У меня была знакомая на грани развода, которая смотрела в зеркало и говорила, что не видит ни одного изъяна. Но эти изъяны были внутренними, жили в ее душе, а она смотрела только на внешность. Можно тратить бесчисленные деньги на поддержание внешней красоты, но все равно производить лишь временное впечатление на мужчин.

Гармоничная женщина предлагает мужчине гораздо больше, чем просто красивую оболочку. Она сочетает в себе и божественное, и человеческое. Она всегда разная. В этом и есть суть настоящей идеальной женщины!

ХАРАКТЕР ЖЕНЩИНЫ

* *искренняя*
* *светлая, как ребенок*
* *добрая*
* *заботливая*
* *ласковая*
* *понимающая*
* *отзывчивая*
* *принадлежащая только ему*

* *темпераментная*
* *чувственная*
* *иногда грешная*
* *временами капризная*
* *временами требовательная*
* *уверенная в себе*
* *независимая*

Эти сочетания не смогут оставить равнодушным ни одного мужчину! Вкусы у всех у них разные, но в основных желаниях они похожи друг на друга как дети. Именно этот список в подсознании у каждого.

Поэтому надо учиться достигаться этой золотой середины и грамотно ею управлять. Вот главные талант и искусство, которыми должна владеть идеальная женщина.

Отношения

РЕЖИМ ОДИНОЧЕСТВА

Одиночество — очень трудный и выматывающий период, но одновременно — благословенный и щедрый для вашего роста. Все зависит от угла зрения, все зависит, с какой стороны мы будем на это смотреть.

Женщина достигает полной гармонии только рядом с мужчиной. Там ее место, как и мужское — рядом с ней. Кто бы что ни говорил, именно так задумана эта Вселенная, ей виднее, и не надо с ней спорить. Мы рождены для создания пары, и наши энергии грамотно распределяются только в паре.

Многим девушкам просто легче сказать для самоутешения, мол, я полновесная без мужчины, мужчина не нужен мне для гармонии. Это не так. Чтобы казаться сильными, они ставят блок на свои чувства и сердце, думая, что это их защита. Но истинная защита — в открытом сердце, полном любви. И конечно, каждая запоет иначе, как только найдет подходящего человека, который будет давать силу, а не брать.

Но что делать, если вы прекрасно понимаете необходимость быть в паре, ждете отношений, а они все не идут? Надо правильно использовать режим одиночества. Он создан для вашей пользы, поэтому успокойтесь и принимайте его с благодарностью, какие бы тяготы вы ни испытывали.

Я понимаю, что вам может быть больно, но боль и страдания, которые мы испытываем из-за каких-то явлений, очищают и облагораживают. Звучит, может быть, ужасно, но это правда. Неблагоприятные ситуации посылаются свыше до тех пор, пока мы не переродимся, не поменяем свой образ жизни, образ мыслей. Секрет так прост! Но многие не понимают его, не могут разгадать и получают все новые и новые тяготы на жизненном пути, хотя давно могли бы разорвать этот порочный круг.

Одиночество дается нам для того, чтобы заняться собой. Понять, какими мы хотим быть, сколько шагов осталось до идеальной версии себя. Подумать, чего нам не хватает для счастья и кого мы хотим видеть рядом с собой. Только когда приходит это понимание, начинается настоящая работа. Именно для этой работы вам и дается великолепный период — побыть ОДНОЙ.

> **«ОДИНОЧЕСТВО ДАЕТСЯ НАМ ДЛЯ ТОГО, ЧТОБЫ ЗАНЯТЬСЯ СОБОЙ. ПОНЯТЬ, КАКИМИ МЫ ХОТИМ БЫТЬ, СКОЛЬКО ШАГОВ ОСТАЛОСЬ ДО ИДЕАЛЬНОЙ ВЕРСИИ СЕБЯ».**

Две моих любимых истины: 1) все лучшее приходит к тем, кто умеет ждать; 2) всему свое время. Если какого-то элемента или явления в вашей жизни еще нет, значит Вселенная просто готовит вас. Ждет, когда вы станете умнее, мудрее и достойнее того лучшего, что она приготовила в ответ на ваши просьбы.

Если вы хотите притянуть к себе достойного мужчину с положительными качествами, вам надо самой стать достойной женщиной с положительными качествами. Ровней ему по энергетике, развитию, силе. Будучи одной, вы можете сконцентрироваться на себе, развить свои лучшие качества, избавиться от негатива в своей голове. И если вы добросовестно этим займетесь, времени на боль, рефлексию и самобичевание точно не останется, в голове будет только созидание.

Отбросьте страх и мысль «а что, если он так никогда и не придет». Внутри вас должна непоколебимым огнем гореть вера в собственное счастье! Вы должны лелеять в мыслях тот день, когда вас будет окружать ваша счастливая семья, когда ваш мужчина станет день за днем превращать вашу жизнь в сказку! Мысли должны быть заняты обдумыванием ваших идеальных отношений, а не тем, как вы несчастны, никому не нужны, и вообще настоящих мужчин уже давно нет, а те, кто есть — уже заняты, и так далее, и всякое подобное. Так вы останетесь сидеть в луже депрессии. Боритесь! Без усилий — никуда! Возьмите себя и свои мысли под контроль!

Это как наркотик, и вы на него подсядете, обещаю. Сначала будете совершенствовать тело, начнете правильно питаться, тренироваться, ухаживать за собой. Потом вам захочется развивать свой ум, прокачивать лучшие и самые прекрасные качества, становиться более женственной, усиливать личность. Вот тогда вы заживете! Вот тогда вам и откроется путь-дорога к жизни вашей мечты!

Распишите все детально, составьте карту желаний по всем пунктам, ведите дневник желаний. Это поможет расставить все по полочкам в периоды внутреннего хаоса. В моей голове он тоже когда-то был, и я тоже загибалась от боли, не зная, чего хочу.

МОЙ ОПЫТ

Я реально боролась со своим одиночеством, безуспешно и тяжело, до тех пор, пока не устала. Но удивительное дело, как толь-

ко я перестала сражаться с ним и приняла его как соратника, а не врага, все изменилось. Вселенная повернулась ко мне солнечной стороной. Сейчас я это понимаю, но тогда была в смятении. И у меня сердце разрывается от боли, когда я перечитываю свой дневник.

Потому что я очень часто плакала. Плакала, когда возвращалась в безлюдную квартиру. Плакала, когда въезжала в коттеджный поселок. Сидели в темноте машины, и на меня давило ужасное одиночество. Я понимала, что меня никто не ждет и что этим вечером я снова лягу одна. И что моя постель останется холодной. А мне так хотелось счастья, семейного уюта, приходить в дом, где будут любимый муж, любимые дети, любовь, любовь и любовь. Но рядом не было того, кого я могла бы полюбить, и мне казалось, что я никогда никого не полюблю, и меня никто не полюбит, и я самая одинокая на свете!

Пытаясь заглушить боль, я уходила в работу. Настраивала процессы в бутике, ездила по фабрикам, проводила примерки и контроль качества, организовывала показы. Это все выглядит красиво и легко, но на деле — каждодневный и кропотливый труд (так что если вы собираетесь стать дизайнером и открыть свое дело, готовьтесь очень много работать). Днем времени на печальные мысли не было, но неизменно наступал вечер. Я возвращалась домой измотанной и несчастной.

Порою ехала по ночному городу, набирала маме и плакала навзрыд. Потому что я так ужасно уставала, потому что не было больше сил, потому что очень тяжело рассчитывать только на себя, потому что очень страшно. Женщины, у которых нет мужчин и которые вынуждены тянуть все на себе, понимают мое тогдашнее состояние. Даже деньги и свой бизнес не сильно меняют ситуацию, а без них, уверена, еще страшнее.

Мне хотелось получить какой-то знак, чтобы не уйти в депрессию, и он появился. Как-то я приехала домой к одной своей знакомой (встреча была спонтанной, и после этого мы больше не виделись, но тогда это рандеву оказалось как нельзя кстати). У нее была небольшая библиотека, я о ней расспрашивала и в процессе наткнулась на книгу, которая называлась «Книга счастья» (будет вам небольшая практика по ее мотивам в конце главы☺). Она-то мне и помогла. Сначала она, а потом — та самая Оптина пустынь.

Надо ежедневно работать над собой и находить поддерживающие ресурсы. Если вы будете открыты миру и станете питать сердце добром, тяжелый период рано или поздно закончится. Скоро все начнет оборачиваться в вашу сторону, и однажды вы зайдете ко мне на страничку и напишете: «да, Лесеночек, так оно и произошло со мной!»

Но — очень прошу — дисциплинируйте свой ум и душу. Совладайте с собой, уберите из сердца отчаяние. Оно блокирует приход всего хорошего в нашу жизнь (недаром уныние — огромный грех в христианстве), потому что у вас опускаются руки, умирают вера и надежда. Все это мешает любому исправлению, вам просто неоткуда взять силы.

И еще один важный момент: если хотите построить новые отношения и открыть дорогу идеальному мужчине — полностью освободитесь от старых связей. Иначе они будут тянуть вас назад и блокировать путь всему новому! Оборвите контакты, если надо, проведите чистку (она описана в разделе практики) и не возвращайтесь в прошлое.

Невидимая нить соединяет тех, кому суждено встретиться, несмотря на время, место и обстоятельства. Нить может натянуться или запутаться, но никогда не будет порвана. Не держите людей, не бойтесь их потерять. Ваши люди всегда найдут вас и будут с вами столько, сколько им нужно быть в вашей жизни.

«ЕСЛИ ВЫ БУДЕТЕ ОТКРЫТЫ МИРУ И СТАНЕТЕ ПИТАТЬ СЕРДЦЕ ДОБРОМ, ТЯЖЕЛЫЙ ПЕРИОД РАНО ИЛИ ПОЗДНО ЗАКОНЧИТСЯ».

МОЙ ОПЫТ

«Олеся, вам не грустно от того, что вы так долго ждали СВОЕГО мужчину?» О, как часто я читаю этот вопрос в своем Инстаграме, как часто я пишу посты на эту тему. Что ж, вот мой ответ: мне было грустно, когда я его ждала, да. Но если бы мы встретились раньше, то ни за что бы не сошлись, потому что на тот момент я еще не была готова к мужчине своей мечты.

У меня уже был за плечами ранний брак, который стал ошибкой, отчасти из-за неумения вести себя в отношениях. Женщине надо накопить определенную мудрость, прежде чем идти замуж, иначе ничем хорошим это не закончится. В отношениях много ситуаций, которые могут показаться тупиковыми, и при столкновении с какими-то проблемами вы можете просто с ними не справиться, захотеть все бросить и разойтись.

Всем ведь знакомо чувство эйфории при общении с мужчиной, который начинает нравиться? Вы очаровываетесь, верите, надеетесь, что ну вот он, вот он — тот самый! А потом оказывается, что нет, это не он и все в нем не то. Вы это понимаете, встречаете другого, снова обманываетесь, снова разочаровываетесь и однажды просто оставляете надежду найти свою половинку. Но это неправильная тактика. Все эти неудачные попытки нужны нам в том числе и для того, чтобы мы оценили по достоинству истинного мужчину, кото-

рый в один прекрасный день все же придет в нашу жизнь!

Но чтобы ему было куда идти — проститесь с прошлым. Это порою непросто, и мне в свое время было непросто, но я понимала, что надо избавляться даже от памяти о старых отношениях. Зато когда я справилась, началась новая жизнь. Как только вы решаете, что с вас довольно приходяще-уходящего счастья, вы хотите идеальной постоянности, — все меняется. И у вас все изменится, если вы будете следовать простым законам, описанным в этой книге. Я обещаю.

УХАЖИВАНИЕ

Если вы нацелены на серьезные отношения, то сразу отбросьте мысль, что есть какая-то универсальная фраза, вневременное средство, которое, как по волшебству, заставит мужчину превратиться из хищника в домашнего кота за один день. Невозможно по щелчку пальца приучить его к тому, что надо эмоционально и финансово вкладываться в отношения. Так не бывает, а если вам кажется, что бывает, разочарую: это лишь краткосрочная манипуляция во время легких и малозначимых интрижек.

Работа над отношениями — труд, но и работа по подготовке отношений

тоже огромный труд. Давайте разбираться по пунктам и стадиям, как же заранее выстроить ту модель взаимодействия, которая будет вас устраивать и которая со временем станет на вас работать.

МОДЕЛЬ ВЗАИМОДЕЙСТВИЯ

1. Выбирайте

У свободной женщины должно быть много поклонников, пока она не определится со своим выбором и не остановится на ком-то одном. Почему обязательно «много» и почему «должно»? Потому что мужское вос-

КНИГА СЧАСТЬЯ

«Книга счастья», которую я увидела у своей подруги, содержала в себе разные поддерживающие истории и цитаты. Помимо этого, там было задание: каждый день открывать блок со свободными страницами и записывать туда что-то, что хоть на секундочку сделало меня счастливой. То есть это была вполне себе конкретная задача: искать счастье в любой мелочи.

Что ж, мне это помогло, теперь пришло ваше время.

- Заведите себе блокнот или заметку на телефоне, которая будет называться «Книга счастья».

- Каждый день записывайте как минимум семь вещей, которые сегодня сделали вас счастливой (даже ненадолго).

- Начинайте каждый пункт с фразы «Я счастлива, потому что...».

Например:

Я счастлива, потому что сегодня на улице солнышко и я ему улыбнулась.

Я счастлива, потому что еду на любимую работу.

Я счастлива, потому что здорова.

Начинайте с самых незначительных поводов, и уверяю, с каждым днем их будет становиться все больше. Мозг автоматически станет концентрироваться на положительных вещах. Но начав, не сходите с пути, изменение сознания происходит не за одну неделю. Именно в постоянстве кроется успех работы над собой.

И мы начнем ее прямо сейчас.

1. *Я счастлива, потому что* _____

2. *Я счастлива, потому что* _____

3. *Я счастлива, потому что* _____

4. *Я счастлива, потому что* _____

5. *Я счастлива, потому что* _____

6. *Я счастлива, потому что* _____

7. *Я счастлива, потому что* _____

хищение питает нас, как солнышко — драгоценный цветок. Обожание, ухаживание — все это идет нам на пользу. Поэтому множьте число кавалеров и фаворитов вокруг себя, главное — не давайте никому авансов и не вступайте ни с кем в физическую близость. Вам нужен лучший!

«РАБОТА НАД ОТНОШЕНИЯМИ — ТРУД, НО И РАБОТА ПО ПОДГОТОВКЕ ОТНОШЕНИЙ ТОЖЕ ОГРОМНЫЙ ТРУД».

Не бойтесь отказывать и отвергать, если вас что-то не устраивает. Им стоит запомнить: вы не та женщина, которая станет мириться с чем-то, что противоречит ее природе. Пусть они знают о существовании друг друга, пусть чувствуют конкуренцию. Пусть тот, кто уготован Вселенной именно вам, поймет, что пора действовать, и проявит себя!

Пока вы никому ничего не должны, и в этом есть своя прелесть. Вы на стадии выбора, вы королева, а они все — лишь претенденты на ваши руку и сердце. Не допускайте обратной ситуации, ласточки мои. Женщина должна с самого начала строить отношения с высоко поднятой головой, не заискивая и не выпрашивая. Пусть мужчина ждет вашего внимания, пусть надеется на вашу благосклонность и пусть ищет способы стать вам интересным!

2. Приближайте к себе

Когда вы присмотрелись ко всем претендентам и выделили для себя какого-то определенного мужчину, надо ненавязчиво поставить его об этом в известность. Дайте ему шанс стать немного ближе, но все равно держите дистанцию и соблюдайте платонический режим отношений. В ближайшие пару месяцев он скорее всего захочет отодвинуть в сторону конкурентов и стать единственным претендентом на престол подле вас.

И сейчас, и потом, и вообще всегда сохраняйте его фокус на понятной установке: в вас заинтересованы очень многие. С вами хочет быть уйма достойных джентльменов, но на счастье конкретно этого кандидата вы выбираете именно его... в данный момент. Именно «в данный момент», пусть он особо не расслабляется и знает, что ситуация в любой момент может измениться, если он сделает что-то не так. Ох и подстегивает это мужчин!

Если его интерес к вашей персоне усиливается — хорошие новости, он (и вы) на верном пути. Продолжайте наблюдение и выжидательную тактику, он должен в вас влюбиться, любому мужчине на это нужно время. Вот и тяните его! Это мы, женщины, можем втрескаться по уши через неделю, у нас так устроен мозг и эмоции, а у мужчин — нет! Даже если он будет петь вам об обратном, о том, что он с первой встречи покорен, — не верьте, сохраняйте трезвый рассудок.

3. Расставляйте точки над i

Не бойтесь дать понять, что вы хотите серьезных отношений. Подчеркните, что цените и уважаете себя. Донесите, что вы великая ценность, во славу вас надо совершать подвиги и так просто вы ему не достаетесь.

Если мужчина переходит грань и начинает приставать к вам, говорите, что эта спешка лишь подтверждает несерьезность его намерений и отношения к вам и что вам надо другое. Будьте уверены: если он в вас заинтересован, то мигом сменит тактику. Скажет, что тоже очень, ну вот очень хочет серьезных отношений. Тогда дайте понять, что слов мало, что вы верите только делам и поступкам. Пусть докажет!

Не идите у него на поводу (мужчинам, кстати, не нравятся покладистость с послушанием на данном этапе, даже если они говорят обратное), иначе он потеряет интерес, даже не успев его толком приобрести.

Если он начнет жаловаться на то, что не может понять вас и ваше поведение, — это хороший знак. Мужчинам интересно разгадывать женщину, даже если они в этом не признаются. Хуже быть понятной и легко читаемой, как открытая книга.

4. Подчеркивайте свою ценность

Вам нужно, чтобы поклонник (даже находящийся в фаворе) четко уяснил: он нуждается в вас больше, чем вы в нем. Это ЕМУ надо завоевывать вас, а не вам подстраиваться под его характер, пытаться угодить и играть ради этого какую-то чуждую роль (как многие женщины любят делать). Покажите, что это вам есть, что ему дать, а не наоборот.

Используйте энергию уверенности. Демонстрируйте, что вы целостная женщина с огромным потенциалом, что каждый мечтает быть рядом с вами (так действительно должно быть, вам следует накопить женскую энергию и уметь ею пользоваться, этому посвящен весь первый раздел). Дайте ему понять, что вы независима и реализована (если так оно и есть, то

"

Но идеальные мужчины есть, и каждому нужна своя королева. Не соглашайтесь на меньшее, не идите на компромисс.

#АффирмацииОм

вообще отлично, у вас очень много бонусов и преимуществ).

И — не устану повторять — не спешите с сексом. Если он потеряет интерес, то и отлично, значит, это не ваш человек. Не надо давать шанс каждому встречному.

Мужчины могут пытаться склонить вас к близости разными средствами,

и не всегда честными и достойными. Кто-то может мягко стелить: обещать подарки, шикарную жизнь. Но падать всегда будет больно. «Будь моей — и все будет!» А потом где они и их обещания? И след простыл. Только бедные девочки сидят в слезах и отчаянии, названивают, написывают, терпеливо ждут. Но тщетно.

Ведите себя достойно и демонстрируйте свои принципы, внутренний стержень. Не будьте доступной. Все эти качества действительно должны присутствовать в вас, потому что сыграть их невозможно. Мужчины чувствуют фальшь.

5. Показывайте свою заинтересованность

Не бойтесь делать комплименты и хвалить! Многие девушки убеждены, что успех придет, если вести себя сухо, чтобы мужчины не зазнавались. Это неправильно, нужно знать где похвалить, где одарить теплом, где сказать ободряющее слово. Важно только не переигрывать и не льстить совсем уже откровенно.

Если вы материально заинтересованы — не показывайте свою материальную заинтересованность. Вам должен быть интересен сам мужчина, его личность, его история, а не его кошелек. И это надо подчеркивать, потому что именно здесь множество женщин терпит крах.

6. Не делайте первый шаг

Ваш мужчина найдет вас сам, будьте в этом железно уверены. Не надо бегать, искать что-то как угорелая. Но и сидеть на месте тоже не стоит, придерживайтесь золотой середины. Не пишите и не звоните первой. Не признавайтесь первой в любви, не балуйте его в этом плане, пусть заслуживает.

Все. Это основные правила. Выполняйте их, и рано или поздно (не так, чтобы очень поздно) он попадется на крючок. Начнет придумывать и просчитывать, что можно сделать, чтобы удивить вас, чем заинтересовать, чтобы вы — не дай бог — не отвергли его ухаживания и подарки! А потом еще будет всем рассказывать, что это ОН вас выбрал, а не вы его. Ох, мужчины.

ПРОВЕРКИ 🔥

Как бы это ни звучало, ЛЮБОМУ мужчине надо устраивать проверки. Не зная броду, не суйся в воду. Сейчас на стадии ухаживаний и во время конфетно-букетного периода вы еще можете без потерь отыграть все назад, если вас что-то не устроит. Потом это будет сделать намного труднее. Поэтому готовьтесь к отношениям основательно.

ПРОВЕРКА ВРЕМЕНЕМ

Это самая главная, базовая проверка. Вам нужно получить ответ на вопрос, хочет ли мужчина вас на одну ночь или на всю жизнь. Ни один из них не думает сначала о серьезных отношениях и женитьбе, помните? Но в ваших силах это изменить.

Однако эта проверка работает и в вашу сторону. Бывает, женщине так сильно нравится мужчина, что она сразу прыгает с ним в постель, влюбляется после первой ночи, отдает всю душу — и пиши пропало. У мужчины ведь не могут так быстро сработать рефлексы ответственности и заботы. Какое здесь решение? Ждать, ждать и ждать. Буду повторять это постоянно! 😁 Не спешите вступать в близость, если хотите серьезных отношений и уважения (если вы ищите развлечений или денег, то стратегия, конечно, другая).

Идеальное время проверочного воздержания, назовем его так, — два месяца регулярных свиданий (без длительных перерывов). Это оптимально, чтобы и не поспешить, и не передержать. Дайте ему время влюбиться, подождите, пока включатся все его рыцарские инстинкты.

И ни в коем случае не говорите, что вы держите его на сухом пайке, потому что среди женщин большая конкуренция и вы таким образом пытаетесь его удержать и вообще боитесь, что он потеряет интерес. Так вы дадите ему инструмент манипуляции, и неизвестно, как он им распорядится. Все надо делать тихо.

ПРОВЕРКА НА ОТВЕТСТВЕННОСТЬ

Ответственность, как я уже говорила, очень важный фактор. Мужчина может быть богат, красив, но если у него нет ответственности за вас, все эти качества ничем хорошим не обернутся.

Тот, кто действительно переживает за вас, обязательно выгодно выделится заботой. Он регулярно будет интересоваться, как вы себя чувствуете, что вы сегодня ели и не хотите ли есть прямо сейчас, не устали ли, не нужна ли помощь. Не бойтесь правдиво отвечать на эти вопросы, если проблемы есть. Если их нет, то ради проверки можно и выдумать, в этом нет ничего страшного, зато пользы — на годы вперед.

Я знаю много историй о том, как девочки звонили своим ухажерам, говорили о своих проблемах, а те сливались вплоть до «ой, зайка, срочно надо улететь, я в аэропорту». Такой мужчина вам не нужен. Такой мужчина пусть ищет себе кого-нибудь еще.

МОЙ ОПЫТ

Мне всегда что-то надо, и тут без супермена, приходящего на помощь, не обойтись. Однажды я проколола колесо и позвонила мужу в панике. Он тут же приехал, организовал службу помощи и остался со мной. Потом я сказала, что хочу улететь к подруге в гости. Супруг лишь спросил, на какие даты организовать бизнес-билеты, заказал люкс-трансфер, ВИП-проход и ВИП-зал. Мне не пришлось даже катить самой чемодан и стоять в очередях на таможне. А проводил и встретил он меня с огромным букетом красных роз. Вот, что я называю «пройти проверку на ответственность».

ПРОВЕРКА НА ПРОСЬБЫ

В отличие от проверки на ответственность, когда мужчина сам должен выступить с инициативой помощи, здесь надо озвучить просьбу. Но очень аккуратно.

В начале, когда вы оба находитесь в статусе друзей, вам никто ничего не должен, как и вы. Но если мужчина претендует на ваше сердце, он должен приходить на помощь. Главное, преподносить просьбу ненавязчиво, то есть не просить, а намекать. Никогда не говорите прямым текстом, если мужчина захочет, он всегда услышит и все сделает сам.

Если же вы все же попросили его о какой-то мелочи, а он вам отказал, о'кей. Ничего страшного. Здорово, что его сущность проявилась на ранних сроках. Спасибо, всего доброго, до свидания, пусть не занимает место других достойных претендентов.

МОЙ ОПЫТ

Мне нужен был новый фотоаппарат. Я могла его купить сама, цена была небольшой, но решила устроить проверку. В очередной раз, рассказывая про свои дела, вставила между строк намек: мол, уронила камеру и хорошо бы ее купить на днях, но времени нет, и так далее, и тому подобное. На следующий день фотоаппарат был доставлен мне. Потом закончился абонемент в фитнес-клуб, а тренироваться надо, и, кстати, там бы мы могли чаще видеться... Ну вы поняли ☺.

ПРОВЕРКА НА СЛОВО

Мужчина сказал — мужчина сделал. Он должен держать слово, просто обязан. Если ваш ухажер что-то пообещал — пусть расшибется в лепешку, но выполнит.

Некоторые мужчины могут раскидываться словом направо и налево. Пообещать и забыть. Для нас это шок и совсем не вяжется с понятием «настоящий мужчина». А для них это о'кей. Зато бережное отношение к слову и к делу — просто попадание в сердце! Я люблю, когда обещания выполняются железно. Сказал, что позвонит через пять минут, значит звонок реально раздастся через пять минут, а не завтра, например. И так во всем.

Обязательно проводите проверку на слово, потому что, если ваш мужчина не пройдет ее в мелочах, он не пройдет ее и в глобальных вопросах.

ПРОВЕРКА НА ПРИВЯЗАННОСТЬ

Эта проверка покажет, насколько мужчина эмоционально щедр и заинтересован в вас, насколько он чуток.

Если вы обиделись, продемонстрируйте это. Не отвечайте на звонки или отвечайте сухо. Если у него действительно есть глубокие чувства, то он сразу поймет, что что-то не так, выйдет на связь (напишет, позвонит, приедет) и будет допытываться о причине.

Здесь важен и сам звонок с его стороны, и реакция на ситуацию в целом. Он должен попытаться узнать, что случилось, и предложить пути решения. Если такое происходит, это отличный знак!

ПРОВЕРКА НА ПУБЛИЧНОСТЬ

Рассказывает ли он своим друзьям и близким о вас? Да — отлично, нет — плохо, он не рассматривает вашу связь всерьез.

Если мужчина по-настоящему влюблен, то обязательно представит вас и окружению, и родственникам. В случае, если последние живут в другом городе, расскажет, пришлет фотографии, обозначит ваш статус.

На этот шаг мужчина должен пойти сам, а не в результате ваших постоянных просьб. Это покажет серьезность его намерений.

ПРОВЕРКА НА ЕДИНОДУШИЕ

Противоположности притягиваются, да. Но надолго ли? Не уверена. Половинки одного целого должны смотреть в одну сторону. Остальные варианты либо ненадолго, либо до тех пор, пока ваше терпение не иссякнет.

Каждой женщине нужен рядом тот, кто вдохновляет и радует, а не расстраивает и внушает комплексы. У пары должны совпадать жизненные принципы, убеждения и приоритеты! В том числе взгляды на порядки и уклад в семье, на быт, на воспитание детей, на досуг. В серьезных отношениях нет понятия «твоей» или «моей» жизни. Жизнь может быть только «нашей». Некоторые люди поверхностно и стереотипно судят по человеку и потенциальному успеху отношений с ним. Они берут в расчет возраст, внешность, что угодно, но не поступки. А потом страдают.

Как-то мне в личку Инстаграма написала одна девушка. Она рассказала, что верит в силу мысли, Вселенную, оптимистично мыслит и любит своего парня. А ее парень — пессимист, не поддерживает ее и больше того — смеется над ее взглядами, при первой оплошности колко указывает на ошибки и недостатки. Чудовищное, отвратительное отношение. Это очень грустно.

И это все потому, что люди разные! Разве стоит тратить единственную жизнь на непохожего на вас человека? Жизнь одна! Не терпите, уходите от тех, кто вас не ценит, обижает и ранит. Вы достойны самого лучшего!

СЕКС

Любовь без секса — это любовь? И да, и нет. Да — потому что любовь бывает разной. Нет — потому что она уже не то, за что вы ее принимаете.

Любовь без секса ближе к дружбе, привязанности, но не к каноническому чувству в паре. Кто-то возразит, что это не так уж и важно, что она может основываться на уважении, заботе, преданности и так далее. Но на самом деле все должно быть в балансе — и чувства, и физическая близость. Если у вас прошло влечение к партнеру, это не значит, что прошла и любовь. Но это точно значит, что она приняла другую форму.

Сексуальность — дар Бога, это он создал нас такими, это он задумал, чтобы мужчину тянуло к женщине, а женщину — к мужчине. Что толку спорить с природой? Отношения между нами неполноценны без физической близости. Любовь — это буря, целая палитра разных чувств и переплетающихся между собой эмоций! Есть секс без любви, но любовь без секса — нет!

МОЙ ОПЫТ

В наше время секс перестал быть таинством. Для меня он таковым был, когда я в первый раз вышла замуж и хотела одного мужчину на всю жизнь. Даже не представляла, что могут быть другие. Но потом подала на развод, ушла в жизнь, в другие отношения. Они тоже не увенчались успехом и закончились. Я была разочарована: идеалы рухнули, взгляды на жизнь поменялись.

Мои знакомые не унывали, если их отношения не удавались, они просто начинали их с новыми людьми. Это был бесконечный круг, и я

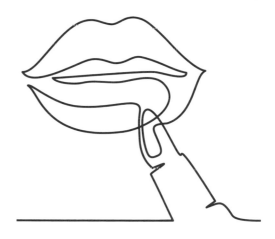

думала, что это нормально. Что я живу так же, как все. Просто свободная девушка в поиске, как и десятки приятельниц. И очень долго я не могла встретить любовь, хотя очень хотела. И прошло очень много времени, прежде чем я поняла, что причина — в сексе.

Сейчас секс стал максимально доступным, для многих современных людей физическая близость сродни голоду. Проголодался? Сходи в ресторан, поешь, получи все быстро и легко.

Но это — ошибка. Сперва мы не замечаем причинно-следственной связи, но она есть. И только после того, как я ее увидела, осознала и приняла, жизнь стала меняться к лучшему. Надеюсь, что и вы переживете подобную трансформацию. Все случается в этой жизни для чего-то, я не зря появилась в вашей жизни, и не зря вы держите в руках эту книгу. Значит, именно сейчас пришло время для ваших изменений.

Во время секса мужчина и женщина обмениваются особой энергией, и каждый контакт оставляет след на их аурах. Независимо от того, случайная ли эта близость или долгожданная «отношенческая», отметина все равно будет. Чем чаще секс с определенным человеком, тем глубже эта отметина. Чем чаще секс с разными людьми, тем больше таких отметин. Именно через них от вас утекает ваша интимная энергия. Ее получают ваши партнеры, в том числе бывшие. Вас это делает слабее, потому что положительной энергии становится меньше, а отрицательной больше.

«СЕКСУАЛЬНОСТЬ — ДАР БОГА, ЭТО ОН СОЗДАЛ НАС ТАКИМИ, ЭТО ОН ЗАДУМАЛ, ЧТОБЫ МУЖЧИНУ ТЯНУЛО К ЖЕНЩИНЕ, А ЖЕНЩИНУ — К МУЖЧИНЕ».

Но тогда получается, что даже секс с любимым человек идет во вред вашей ауре? Нет, совсем не так. Когда вы занимаетесь любовью — именно любовью — с человеком, который связан с вами крепкими и искренними чувствами, вы обмениваетесь энергией. У женщин энергия копится в матке, и силы к ней поступают из Земли, снизу вверх. Мужчина же получает энергию из космоса, сверху вниз. Таким образом, от него к вам поступает энергия космоса, ему от вас — Земли. Этот круговорот поддерживает и дарует силы обоим.

Посмотрите на мужчину и женщину сбоку. Верхняя часть тела мужчины — плоская, женщины — выпуклая. Эта особенность объясняется тем, что она больше отдает сердцем и сильнее выражает эмоции. Он же склонен их держать при себе. Однако в нижней части тела абсолютно противоположная картина. Половые органы женщины спрятаны внутрь (сдержанность в сексуальном плане), а мужчины — выдаются наружу (стремление к сексуальному опыту). При взаимности, обоюдном желании и совпадении интересов мужчины и женщины энергия между ними за-кольцовывается и происходит обмен. Он дает ей, она — ему.

Энергия женщины копится, когда мужчина вкладывается в их отноше-ния материально: строит дом, дает защиту, зарабатывает ресурсы и бла-га. Энергия мужчины копится, когда женщина вкладывается в их отноше-ния эмоционально: создает уют, под-держивает благожелательную атмо-сферу в доме, готовит с любовью еду, создает надежный тыл.

Но если вы не создаете энергетической пары с мужчиной, вы тратите впустую ваши силы, загрязняете ауру и сла-беете. Когда у вас появляется много партнеров или вы часто меняете их, то становитесь донором: только отдае-те энергию, ничего не получая взамен. Множество мужчин (повторюсь: в том числе бывших) тянут из вас энергию. Представьте, что на вас село много комаров, которые пьют вашу кровь. Понятно сравнение, наверное? Вы на-чинаете болеть, много грустить, пере-стаете привлекать мужчин, даже если в зеркале видите красивую и сексуаль-ную женщину. И даже найдя наконец того самого, вы не можете дать ему дополнительных сил в нужном объеме. Вам просто неоткуда их взять.

Что тогда делать? Как быть? — Надо восстанавливать энергию.

Если вы умеете это делать, вы спо-койнее переносите отток душевных и духовных сил. Если нет — всег-да можно научиться и очиститься от прошлых связей, разорвать их, начать накапливать энергию, восстановить ее и в итоге притянуть того мужчи-ну, вибрациям которого вы соответ-ствуете. Потому что если вы хотите хорошего мужчину, вам надо до него дорасти.

В первую очередь нам нужны чист-ки, и после этих чисток мы не долж-ны возвращаться к прежнему образу жизни. Нам следует более осознанно подходить в своей сексуальной жиз-ни, потому что от этого зависит очень много. Как разорвать ненужные связи и набраться сил, описано в разделе практики.

И еще один очень важный момент

Вы должны себя любить и быть инте-ресной, тогда и он будет вами восхи-щаться. Порою мы становимся слиш-ком зациклены на том, чтобы доста-вить удовольствие своему мужчине, чтобы угодить ему. Этим мы полно-стью блокируем себя, благодаря чему начинается зажатость энергий.

Внешне, например, в постели, мы мо-жем вести себя вполне раскованно, всячески пытаясь угодить. И вроде бы так стараемся, но это не работа-ет. Почему? Потому что мы не вклю-чаемся эмоционально, не концентри-руемся в момент близости на себе.

Мужчина чувствует это, сам того не понимая.

Отключите мозг, начните думать о себе и получать истинное, а не наигранное удовольствие. Растворитесь сначала в себе, а потом в нем. Почувствуйте, как наслаждается ваша душа, а потом уже расслабление перекинется и на тело. Вы ощутите безграничную чувственность, и ваш мужчина возжелает вас еще больше. Я проверила это на себе и верю, что вам это также поможет и наполнит страстью ваши отношения. И не только это...

ПРАВИЛА НЕЗАБЫВАЕМОГО СЕКСА

Это дело двоих! Но все, что потребуется от женщины, я вам расскажу по максимуму.

В первую очередь, и самую важную, у вас должен быть незабываемый партнер, которого вы будете желать. Да так желать, что при виде него у вас будут подкашиваться ноги, а внутри разжигаться пламя. Только от взаимного притяжения может разгореться костер страсти, и только тогда вас накроет волна экстаза.

Во вторых, вы должны наслаждаться собой. Если вы получаете удовольствие от себя, то партнер насладится вами на 100%, вы перекинете на него эту энергию. Мужчин очень привлекают женщины, которые живут удовольствием и наслаждением от себя. Ну об этом мы уже говорили.

В-третьих, детали. Уделяйте им внимание. От того, где будет секс, зависят ваши эмоции и чувства. Конечно, это должно быть романтичное место, приятное для обоих. В этом ваши предпочтения должны совпадать: если партнер не прочь и в туалете, а вы романтичная натура и ждете ночь в лучшем парижском отеле, выйдет НЕЛОВКО. Обговорите сразу, какая обстановка вас заводит больше всего.

Советую иметь подборку музыки для романтической ночи. Мало кто из мужчин заморачивается на этом. Им и без музыки хорошо. А нам, женщинам, для расслабления это очень важно. У меня есть специальная папка в плей-листах, вы тоже себе заведите.

Weeknd — Earned it

Jassie Ware — Say you love me

Anton Ishitin — Waves

В-четвертых, ваш вид. Мужчина любит глазами. Вы должны нравиться и ему, и себе в том наряде, который вы выберите. Вы должны знать, что он любит: чулки, белье, нежное это все или дерзкое.

Например, одного моего кавалера сводило с ума платье-колокольчик. Его фантазию будоражила мысль

Замужество

Любое ухаживание должно перерастать в брак. Это аксиома. Не бывает серьезных отношений вне брака, поэтому — внимание, серьезный момент. Сейчас я назову срок, по истечении которого должно поступить предложение о замужестве. Звучит ультимативно, но как есть. На этот срок ориентировалась я, на него советую ориентироваться своим подругам, его в качестве ориентира предлагаю вам.

1 ГОД

Одного года вполне достаточно, чтобы понять, ваш это человек или нет. Не надо торопиться и выходить замуж раньше. Импульсивность и эмоции здесь не должны вставать у руля, нельзя принимать в этом вопросе поспешное решение, оно может оказаться фатальным и неправильным.

Одновременно одного года вполне достаточно ему, чтобы понять, видит ли он вас своей женой или нет. Если нет — задумайтесь, взвесьте, оцените. Вы должны понимать, в того ли мужчину вкладываете всю себя. Если прогресса не предвидится, уходите.

«ОДНОГО ГОДА ВПОЛНЕ ДОСТАТОЧНО, ЧТОБЫ ПОНЯТЬ, ВАШ ЭТО ЧЕЛОВЕК ИЛИ НЕТ. ОДНОГО ГОДА ВПОЛНЕ ДОСТАТОЧНО, ЧТОБЫ ПОНЯТЬ, ВИДИТ ЛИ ОН ВАС СВОЕЙ ЖЕНОЙ ИЛИ НЕТ».

Дайте понять свои приоритеты на старте. Донесите до мужчины в начале отношений, что если через год вы не дождетесь предложения, то пойдете дальше. Нечего держать чужое счастье возле себя! Потому что вы можете сколько угодно строить планы и нацеливаться серьезно на будущее с этим человеком, но какой в том смысл, если это не взаимно?

Один год. Вам это может показаться большим сроком или маленьким, но как бы то ни было — это все равно только начало. Слышали ли вы расхожую фразу, что любовь живет три года? Я считаю, что через три года любовь только начинается. До этого длится фаза влюбленности, в том числе во время и после свадьбы.

ФАЗЫ В ОТНОШЕНИЯХ

Фаза влюбленности

Когда мы влюблены, в нашем организме происходят определенные процессы, связанные с гормонами — дофамином, серотонином, эндорфином, тестостероном и эстрогеном. Мы радостны, очень эмоциональны, наше счастье — громкое и яркое. Постоянное влечение, волнение, предвкушение встречи. В особенно чувственные моменты у нас сжимаются все мышцы и низ живота, захватывает дыхание, ошалело бьется сердце, иногда мы даже не можем

есть! Конечно, это состояние приятное, но организм воспринимает его как стресс. И постоянно находиться в стрессе он не может.

Поэтому со временем эйфория, состоящая из коктейля перечисленных гормонов, проходит. Влюбленность преобразовывается в более стабильное и крепкое чувство. Это не плохо и не хорошо, это просто так, как есть. Закономерно и логично.

Фаза любви

В период перехода от влюбленности к любви в организме тоже начинаются рокировки. На смену прежним гормонам приходят более устойчивые, например тот же окситоцин — гормон доверия. Они создают постоянное чувство, отвечают за привыкание к человеку.

В этот период важно грамотно и мудро перестроить взаимоотношения, сделать их по-новому крепкими, чистыми, основанными на уважении, поддержке и доверии. Не надо паниковать и делать скоропалительные выводы о конце вашей лавстори. Не надо переживать из-за того, что мужчина стал не такой внимательный и проницательный, каким был на первых свиданиях. Не надо думать, что вы стали неинтересны. Это ошибка — искать проблему в себе, надумывать, корить за какие-то надуманные промахи.

Это все не значит, что любовь прошла, просто она трансформировалась. Наступил новый этап, и вам надо строить отношения уже на новом уровне. Это ведь прекрасно, что отношения продвинулись, что теперь вы сможете взрастить настоящее, зрелое чувство!

Иногда людям не хватает на это мудрости и терпения. Едва столкнувшись с проблемами, они расстаются. Есть мужчины, что постоянно ходят по кругу «вечной влюбленности», и как только у них проходит упомянутая эйфория, меняют человека. Но и с новым партнером они проходят все те же стадии. И это свидетельство того, что они не умеют выстраивать нормальные, взрослые, гармоничные отношения.

Знайте, трудности и притирки бывают у всех, и это не повод разрывать связь. Конечно, легче все бросить, тут особого ума не надо. А вы попробуйте построить свою сказку! Если в вашем союзе есть влечение, нежность, уважение, забота, верность, — самые достойные и прекрасные качества, — из этого обязательно выйдет что-то прекрасное! Просто надо работать, без труда даже в отношениях не получить результат. Добавьте чуточку терпения и мудрости, и из вашей нежной и хрустальной влюбленности вырастет настоящая крепкая и зрелая связь.

И еще важный момент. Дарите свои чувства, дарите свою любовь, но в разумных порциях. Не душите ими мужчину, не навязывайте. Предоставьте ему право быть лидером как в отношениях, так и в браке.

ЕСЛИ ВМЕСТО ЗАМУЖЕСТВА ОН ПРЕДЛАГАЕТ ГРАЖДАНСКИЙ БРАК

Сожительство или, как говорят в народе, гражданский брак. Итак, мои милые, что это такое? Давайте расшифровывать. Сожительство — это когда вы живете вместе, но не расписаны. Не играли свадьбу, не венчались в церкви. В этом словосочетании первое слово создано для мужчин, второе явно для женщин!

В детстве ведь мы все рисуем себе шикарную свадьбу, принца, который полюбит нас. А потом наши воздушные замки рушатся при встрече с реалиями, в которых партнер туго идет на законные отношения. Мы успокаиваемся, мол, это как-никак брак. Мы искренне верим, что у нас настоящая семья, а формальности в виде штампа в паспорте не так уж и важны. Но подсознательно все женщины хотят быть официальными женами, и точка. Кто бы ни говорил обратное. Когда женщина доказывает, что ее полностью устраивают гражданские отношения, она тем самым обманывает себя или оправдывает своего мужчину (который ее убедил в своей надежности).

А вот мужчины рады, что брак гражданский. Им свободнее дышать в таких отношениях, и чаще всего это именно их инициатива (женщина лишь принимает решение своего возлюбленного). Мужчины подсознательно не любят быть кому-то должны, а законный брак автоматом накладывает на них обязательства.

Он может вам говорить: «Я же и так помогаю тебе, и стараюсь для нас, все делаю как муж». Но на «как муж» женщина-королева не согласится никогда. Поверьте, это не то, старается он все равно для себя. Если бы он старался для вас, то отвел бы вас наконец под венец. Остальное — отговорки и оттягивание времени, якобы чтобы проверить чувства. Что ж, у него есть на это время. Год. Если спустя год он видит вас своей женой, то пусть подтвердит свои слова официально. Мы и без него слов наелись в жизни. Нам нужны действия!

МОЙ ОПЫТ

Много лет я не допускалась к причастию, так как жила вне брака. Ситуация изменилась только после того, как в моей жизни случилось счастье. Мы обвенчались с моим дорогим и любимым мужем. Вскоре Господь послал нам весточку о том, что мы все делаем правильно. Он благословил наш брак, дав самое ценное, подарив смысл нашей жизни в виде доченьки! Для меня это стало огромным сюрпризом, я была шокирована, потому что мы планировали деток минимум через год. Но на все воля Божья, как говорится.

Есть ли в гражданском браке плюсы? Только для мужчин. Они оставляют для себя некую лазейку, через которую всегда смогут выпрыгнуть без всяких потерь. Но мы — женщины. Женщина в таком положении никогда не будет чувствовать свою защищенность, не будет до конца уверена в своем партнере. У нее в голове всегда будет сидеть мысль: тылы не прикрыты.

И это правда так. Как бы мужчина ни божился, что любит и никогда не оставит, практика миллионов семей доказывает обратное. Женщина в сожительстве не защищена законом. Имущественные и прочие права (как ее, так и детей) тоже не защищены. Сегодня мужчина говорит так, а завтра обидится, посчитает свою «гражданскую жену» в чем-то виноватой и уйдет. Оставит их ни с чем. К сожалению, таких случаев уйма. Даже церковь считает, что подобный союз пропитан недоверием и неуверенностью друг в друге. Потому что не может закончиться добром то, что началось с греха.

Есть, конечно, счастливые пары, живущие без регистрации всю жизнь, но это очень, ОЧЕНЬ редкие исключения. Некоторые женщины сознательно выбирают такие отношения. Они согласны на это, им удобно. Что ж,

это их позиция и их личное мнение. При разрыве им будет психологически легче.

ЕСЛИ О ЗАМУЖЕСТВЕ ВООБЩЕ НЕ ИДЕТ РЕЧИ

Почему некоторые красивые, умные и ухоженные женщины не могут выйти замуж? Почему у них не складывается личная жизнь, хотя они хотят создать семью? Ответ все тот же: потому что не хватает женской силы.

Чтобы выйти замуж, женщине надо культивировать в себе женскую силу: быть заботливой и чуткой, доброй и нежной. Надо учиться по-женски жить, мыслить, одеваться и относиться к людям с добром и теплом в сердце. Тогда энергия будет расти, а личная жизнь — налаживаться.

Представьте красивую благоухающую розу, которая растет рядом с дорогой. Ее обязательно либо затопчут, либо сорвут, даже если запрещено. Многие современные женщины ошибочно думают, что привлекательность строится только на внешности, что она кроется в умении одеваться, секретах макияжа и манере одеваться. Это не так. Самое главное — созидать и питать себя изнутри!

Ежедневная любовь

КТО ГЛАВНЫЙ?

Не буду ходить вокруг да около, скажу кратко и серьезно: если вы выбрали мужчину, то он ваш лидер! Это тот человек, за кем вы будете идти сегодня, завтра и всегда. Его слово должно быть последним и решающим. Если же это не так, то зачем вам такой мужчина? Зачем вам такой партнер?

Даже самым сильным женщинам подсознательно нужен тот, кто сильнее. Только таких мы уважаем, только таким отдаем пальму первенства. Поэтому не сражайтесь за лидерство. Признав за ним право главного, соблюдайте его. Если вы уступите и вовремя промолчите в нужной ситуации, это не сделает вас слабой или жалкой. Это не будет поражением, это будет мудростью.

В наше время девушки стали походить на рыцарей, такие мужественные и властные. А многие парни, наоборот, похожи на милых принцесс, которых нужно еще и завоевывать. Но я за классические сказки. Те, в которых принцы сильные и благородные, а принцессы нежные и заботливые. Где непоколебимо правит любовь, а добро побеждает зло. Только в таких сказках счастливый не только конец, но и начало, и все повествование.

Вы можете сказать: но ведь я такая сильная, Олеся, где взять мужчину сильнее? Что ж, о'кей. Я тоже сильная личность. Я считаю себя справедливой и умной, а потому — всегда правой. Я привыкла держать первенство и все контролировать. Но сделав выбор, я ему следую. Не пытаюсь что-то доказать мужу и победить его. Брак, замужество, любовь — это не про состязание, это про союз.

Если же вам хочется биться с мужчиной за лидерство, подумайте о своих проблемах с женственностью. Ведь наша сила в слабости, и когда женщина начинает бороться, она переходит на мужское энергетическое поле. Рано или поздно это приведет ее к стрессу, депрессии и болезням. Потому что это чужое, не родное, не естественное.

Не пытайтесь завладеть чужой поляной, зачем вам? Она никогда не будет плодоносить так, как ваша. Уступите первенство мужчине и живите в гармонии, где каждый на своем месте и в рамках той роли, что уготована ему Богом.

УСТУПКИ И ДОЛГ

Иногда под моими постами об отношениях в Инстаграме люди пишут что-то вроде «милочка, прием, никто никому ничего не должен, очнитесь». Подобных сообщений бывает много и от мужчин, и от женщин. Люди искренне так считают, а я искренне впадаю в шоковое состояние. Как так? 🐵

Да, конечно, это очень удобная позиция. Со всех взятки гладки, моя хата с краю. Мужчина с вами до тех пор, пока ему хорошо. Вы с ним до тех пор, пока вам хорошо. Как только кому-то из вас что-то перестанет нравиться, все закончится. Вы уйдете, он уйдет, побоку на чувства, брак, детей. Все логично, он же вам ничего не должен, не так ли? А вы ему. Вот только в результате мы получаем распавшиеся семьи, разбитые сердца и психологические травмы.

Говоря «никто и никому ничего не должен», вы на самом деле говорите совсем другое. Это другое звучит так: «я не собираюсь тратить свои силы и время на осознание ошибок и работу над ними, я не хочу становиться мудрой, я не хочу учиться и понимать новые истины, я вступаю в отношения только для того, чтобы получить личное и скоротечное удовольствие». Красиво звучит? Нравится? Просто кошмар.

Люди, которые «никому ничего не должны», хотят свободы, не хотят обязательств, не хотят ограничений. Они не станут работать над отношениями, они будут ждать, что все и всегда будет легко и лайтово. Но как только станет ясно, что так не бывает, они уйдут. И эта система будет работать в любых отношениях. Эта система — бег по кругу.

«Никто никому ничего не должен» — ключ к свободным отношениям в европейском формате, где счет пополам, где каждый за себя, где тебя легко могут поменять (даже если вы семья). Потому статистика разводов и поражает.

Так что нет, вот вам моя официальная позиция по этому вопросу: вы априо-ри должны друг другу, если вы в отношениях (тех отношениях, в которых вы видите жизнь, смысл и совместное будущее). Если мы выбрали человека, мы в ответе за него. И это не работает в одностороннем порядке, здесь нет альтернатив и вариантов — только взаимный режим.

Не разделяйтесь на «есть ты» и «есть я». Заботьтесь друг о друге, поддерживайте, помогайте, будьте ответственны за счастье друг друга. Если вы пара — вы команда. Если вы пара — вы одно целое. Бегите от мужчины, который так не считает, потому что согласие с такой позицией рано или поздно приведет к страданиям и пустоте.

Но опять же — важный момент. Обязательства в отношениях не должны быть тягостными, это не груз. Они должны быть осознанными, когда вы добровольно и с радостью берете на себя ответственность за то, что происходит между вами. Нужно, чтобы «должна / должен» вырастало на земле сознательности, на земле любви!

«И в горе, и в радости, пока смерть не разлучит нас» — это значит, что «нам будет непросто, иногда действительно сложно, но мы обещаем найти выход, понять друг друга и мудро все расставить по местам, принося друг другу любовь, заботу и счастье».

БЫТЬ ЕГО ВДОХНОВЕНИЕМ ♀

За каждым великим мужчиной стоит не менее сильная женщина. Знакомо звучит? Знакомо! Конечно, речь в этой главе снова пойдет об умении правильно распоряжаться нашей энергией — той самой, от которой зависит погода в доме, и той самой, от которой зависит вдохновение мужчины.

Вдохновение на что? На деятельную любовь, на заботу, на великие свершения и дела. Так какие же инструменты мы можем для этого использовать?

ИНСТРУМЕНТЫ ВДОХНОВЕНИЯ

Энергия

Уверена, вы уже могли предсказать этот пункт! Но таковы законы мироздания — женщина всегда должна быть полна энергией, чтобы делиться ей с мужчиной. Так уж устроено, что они берут энергию от нас, а мы накапливаем ее, генерируем и отдаем им.

Помните, что в первую очередь женщина для мужчины — слабое создание! Такой цветочек, который он должен облагораживать. Пока мы изо всех сил стараемся быть сильными и пытаемся справиться со всем самостоятельно или вообще лезем помогать в чем-то мужчине — у нас нет шансов получить от него заботу.

Наша задача: пробудить в нем силу и желание ухаживать за нами. Только так наши энергии будут циркулировать по правильным орбитам.

Внешность

Очевидно, что красивая и ухоженная женщина может вдохновить своего избранника одним своим видом! Мужчины любят глазами, это ни для кого не секрет. Стоит ли еще раз повторять, как нужно заботиться о себе, чтобы прекрасно выглядеть? Пожалуй, что да: регулярно и добросовестно. Вам следует стремиться быть идеальной от корней волос до кончиков пальцев!

Мне нравится выражение «жена должна быть такая, чтобы при взгляде на нее хотелось ей что-нибудь купить». Поэтому вкладывайте в себя ресурсы и время. Тут дело даже не в деньгах, все уходы можно делать дома. Женщина должна владеть искусством макияжа, укладки, элементарными навыками стилиста. Научитесь делать все сами: от маникюра и мейка до комбинирования одежды (причем так, чтобы недорогие марки смотрелись шикарно и дорого). Поэтому даже не думайте ссылаться на уровень доходов. Это все оправдания, мои лапки, а мы к себе должны быть строги.

Благодарность

Надо быть благодарной даже в мелочах, тогда мужчина будет стараться и делать для вас больше, и больше, и больше. А когда вы смотрите дареному коню в зубы (и речь не только про материальные блага), в его душе рождается лишь негодование. Он приносит вам цветы, а вы смотрите на них и спрашиваете с гримасой, почему опять цветы, можно ли уже что-то другое, и не было что ли побольше букета, и не мог он, что ли, получше купить. Очевидно, что у мужчины пропадает всякое желание чем-либо радовать вас дальше.

Следует хвалить его за любую помощь и оказанную поддержку! Хвалить действительно искренне. Ему правда нужны ваши эмоции, ваша светлая энергия! Этим можно очень сильно вдохновить его. А иначе у мужчины могут опуститься руки. И не дай бог какая-то другая женщина похвалит его в такой период жизни, он для нее горы свернет и включит весь свой скрытый потенциал. Оно вам надо?

Словом

Мотивируйте речью, советуйте, разговаривайте. Но опять же будьте осторожны: один и тот же разговор можно начать и провести по-разному.

Один — в упреках, нареканиях и на повышенных тонах. Другой — спо-

койный, уважительный, созидающий, с акцентом на фразе «мне будет приятно, если в данной ситуации ты будешь поступать так-то».

• Мне будет приятно, если каждые выходные мы будем вместе ходить в ресторан, и наши отношения благодаря этому станут романтичнее

• Я очень ценю моменты, когда даришь мне цветы

• Ты мне очень нужен и важен, и я благодарна тебе за заботу о моем настроении

Но все это надо проворачивать аккуратно, ненавязчиво. Для мужчин очень некомфортна ситуация, когда им — как они же и говорят — делают мозги. Но и здесь тонкая грань.

Некоторые джентльмены любой разговор склонны воспринимать как «делание мозгов», но здоровые и спокойные беседы в семье должны быть. Главное, чтобы они не выглядели как чтение нотаций, иначе ваш собеседник воспримет все в штыки, подумает, что его отчитывают, замкнется и больше не пойдет на контакт! Мужчины же пугливые создания, их легко можно задеть.

ЧЕГО ТОЧНО НЕ СТОИТ ДЕЛАТЬ?

Критиковать

Мужчин критиковать — себе дороже! Ну унизите вы его достоинства, и что? Он просто не захочет больше ничего для вас делать, наоборот — ситуация обострится и станет еще хуже.

Представьте, что какая-то посторонняя женщина в посторонней семье постоянно критикует своего мужа, бурчит, вечно ходит недовольной, устраивает ссоры и ругань. Представили? Как вам такая картина? И как, на ваш взгляд, чувствует себя мужчина в таком доме? Думается мне, что все силы этого мужчины уходят не на реализацию каких-то целей, пла-

нов и задач, а на сражение со своей второй половиной. Он тратит на это очень много энергии, так откуда же ему брать силы на великие дела?

Программировать на неудачи

Кем вы будете видеть своего мужчину, тем он и станет. Каким станете его рисовать, таким его и сделаете. Невозможно одновременно верить в него и называть тюфяком.

Многие девушки ломают голову и не понимают, почему же так происходит, почему их энергии не работают, они же так вдохновляют своего неодаренного мужчину!

И правда, почему?

Ограничивать свободу

Отношения должны быть здоровыми, никто не хочет жить в клетке. Во-первых, ни ему, ни вам это не понравится. Во-вторых, повсеместный контроль до добра не доведет. Это касается и отношений, и работы, и свободного времени.

ПОДАРКИ 🎁

Подарки — это тоже язык любви. Конечно, они не главное в отношениях, но, как ни крути, они — свидетельство вашей ценности для мужчины.

Слышали, полагаю, такую фразу: «мужчину видно по женщине»? Так вот когда он заботится о любимой, одаривает ее и ни в чем не ограничивает, она просто светится от счастья!

Шикарный внешний вид и внутреннее сияние — тандем поистине завораживающий. Пребывая в таком состоянии, женщина несет в дом только гармонию, осчастливливает всю семью, помогает отношениям развиваться в нужном русле и благости. Соответственно и главе семьи с легкостью удаются все дела на работе, успех сам идет к нему в руки.

«МУЖЧИНА ПОЛУЧАЕТ ВЫГОДУ, КОГДА ДАРИТ ПОДАРКИ ЛЮБИМОЙ, НАСТОЯЩУЮ ЭНЕРГЕТИЧЕСКУЮ ВЫГОДУ».

Мужчина получает выгоду, когда дарит подарки любимой, настоящую энергетическую выгоду. Потому что он регулярно делает и пополняет главный вклад — вклад в свою женщину, а она взамен подпитывает его своей энергией. Те мужчины, что экономят на своих дамах, не понимают главную истину: они отнимают прибыль у себя же. Женщине нужны определенные поддерживающие эмоции, а их она вдоволь получает только от ЕГО внимания. Физическое воплощение этого внимания — подарки. Если ваш суженый не понимает этого, пора решать ситуацию и поворачивать ее в нужное русло. Как?

КАК ПОЛУЧАТЬ ПОДАРКИ

1. Быть готовой получать подарки

И прежде всего вы должны быть готовы к этому энергетически. Потому что, может быть, вы и хотите, чтобы вас одаривали, но внутренне и психологически не готовы принимать. Вам нужно принять за истину утверждение: вы достойны самого лучшего. У многих женщин стоят блоки, им кажется, что они не заслуживают больших подарков и на них никто не готов тратиться. Но эти блоки блокируют не только подарки от мужчины, но и подарки от Вселенной. Поэтому им надо научиться принимать вообще все, что происходит в мире. Для этого надо: а) полюбить себя; б) решить свои внутренние конфликты; в) проработать блоки.

И кстати, если вы отказываетесь от подарков еще и вслух, чтобы доказать, что вам не нужны деньги мужчины, а нужен он сам, эффект получаете обратный. Для большинства мужчин естественно дарить женщине подарки, поэтому отказ от выбранной и купленной с заботой вещи — отказ от него. Таковы их мысли!

2. Намекнуть или прямо попросить

Когда я спросила мужа, как сделать так, чтобы мужчины дарили подарки, он в очередной раз поразил меня в самое сердце. «Просто попросить», — сказал он.

Просто попросить! Гениально! Вот оно, мужское мышление, а мы тут распинаемся и придумываем хитрые

схемы. Но если для вас это сложно или вы чувствуете, что пока такой метод не сработает, — намекайте.

* «Мне так нравится, когда ты даришь мне цветы».

* «Платья, которые ты мне покупаешь — самые лучшие».

* «Хочу носить только те украшения, которые связаны с тобой».

Вам нужно поддерживать своего любимого, создать комфортный климат, быть нежной, заботливой, верной. Тогда он в ответ сам захочет вознаградить вас за старания и подаренную энергию, ибо нормальный, адекватный мужчина без психических нарушений НУЖДАЕТСЯ в том, чтобы одаривать и радовать любимую.

3. Благодарить

Умение искренне радоваться, в том числе мелочам, доставляет удовольствие вам и мотивирует вашего мужчину. Вы даже не представляете, какую чистую радость испытывает мужчина, когда видит, что сделал вас счастливой в данный конкретный момент. Умение благодарить от всего сердца, как ребенок, подкупает. Мужчина начинает хотеть радовать вас больше и больше, совершать великие поступки, доставать звезды и бросать их к вашим ногам.

Многие красивые женщины выбирают позицию хищниц и охотниц. Такой метод тоже действен, но в краткосрочной перспективе. Рано или поздно мужчина почувствует фальшь, ибо у него тоже есть интуиция. А кому приятно, когда с ним играют? Ни один мужчина не хочет чувствовать, что его используют, поэтому он вполне может начать играть в ответ.

Чем все это заканчивается? Женщины приходят друг к другу и жалуются на мужчин: ну почему же их поступки такие скотские. Да просто они выигрывают в игре, которую женщины сами затевают. Все просто.

ДЕЛА ДОМАШНИЕ 🏠

Дом — крепость, дом — полная чаша, дом — самое безопасное место в мире. И естественно, его нужно поддерживать в должном состоянии, чтобы всем там было уютно, спокойно, красиво. И женщина должна уметь создавать эти уют и спокойствие, где бы ее семья ни находилось. Она должна принимать на себя одну из ролей женщины — роль хозяйки. Все так. Однако это далеко не все, и фанатизм тут также ни к чему хорошему не приводит.

МОЙ ОПЫТ

Мой нынешний муж в период ухаживаний за мной сказал: «Моя жена готовить и убирать дома никогда не будет». На что я, улыбнувшись, ответила: «А она и не собиралась». Но так было не всегда.

В первом браке я вставала в семь утра, гладила мужу рубашки и ко-

стюм, готовила завтрак, отправляла на работу, а после института умудрялась убираться и готовить ужин! Я научилась готовить практически все! Бывшая свекровь восхищалась моей стряпней и каждый раз просила рецепт!

Сейчас я сменила тактику. Я не готовлю постоянно, мы часто едим в ресторанах. Но обязательно есть несколько дней в неделю, когда я готовлю любимому вкусный домашний ужин. Готовлю обязательно с хорошим настроением, заряжаю энергетикой.

Вы тоже можете так делать. Приготовив блюдо, приложите ручки к края тарелки, закройте глаза и напитайте еду энергией любви. Представьте, что она проходит через руки. Таким образом ваш мужчина будет не просто сыт, но и благосклонен. И притяжение между вами станет сильнее ♻.

Мое мнение — женские дела мы обязаны уметь выполнять! Их очень много в разных аспектах семейной жизни. Однако это никогда не должно заставлять вас забывать о том, что вы — женщина.

Многие ударяются в домашние хлопоты, ищут в них панацею и не понимают, что действительно необходимо мужчине! Глаженые рубашки и борщ — это прекрасно, но они точно не на первом месте! Вы можете возразить и быть со мной не согласны, но почему тогда мужья уходят даже от самых заботливых жен? Тех, что потом в недоумении восклицают: «Как так, я же так ухаживала, дом держала, хозяйство держала, обед всегда готов был, все поглажено, такой идеальной была!»? Потому что они пребывали во власти заблуждения, что роль хозяйки — главная. Это было ошибкой.

На самом деле мужчине нужна женщина, которая сочетает в себе множество качеств. Она должна быть нежной и понимающей, ласковой и верной, поддерживающей, но при этом — всегда ухоженной и всем довольной. Это нелегко, и на практике женщины

не всегда понимают и грамотно исполняют свое предназначение! Тем самым нарушаются энергии, и отношения в семье начинают развиваться не в том русле.

Поэтому, конечно, вам надо уметь готовить, надо следить за порядком в доме, надо воспитывать детей. Настоящая женщина должна также овладеть этим искусством. Но еще важнее — держать баланс и не забывать про себя. Саморазвитие — наше все! Во всем. Отношения — это постоянная ежедневная работа, но приятная и увлекательная, как со стороны мужчины, так и женщины. Но я делаю акцент на женщинах.

И самое главное, не забывайте, что дом — это не просто место, где вы спите. Дом — это место, где царит счастье, где в воздухе витает любовь, где все погружено в атмосферу гармонии и уюта. Это ваше прекрасное королевство, которое вы создали собственными руками. Каждый уголок пропитан обожанием. Все, что вы приобретали в него, вы приобретали с любовью. Поэтому каждая вещь пронизана энергетикой радости. Туда хочется возвращаться как вам, так и вашему мужчине. Это должен быть кусочек рая для вас двоих. Берегите и создавайте свой дом именно таким.

Верность

СПОСОБЫ ЕГО УДЕРЖАТЬ 🌹

Каждый раз, когда мне задают вопрос «как удержать мужчину», я впадаю в ступор. Удержать? Он что, алабай? Не надо никогда никого удерживать или за кем-то бежать. Если бежать, то лишь навстречу друг другу! А если не хочется, если нет взаимности и любви, то в этом уже никто не виноват, насильно мил не будешь. Если любовь изжила себя, если она закончилась, значит, все, что нам остается — достойно это принять. Это значит, что люди прошли этот некогда прекрасный период и им нужно идти дальше порознь.

Мужчину не удержать ни детьми, ни штампом, ни шантажом, ничем. Только свободой и искренней любовью. Поэтому либо вы вместе — в любви, гармоничных отношениях, наслаждаетесь каждым днем совместного существования — либо просто нет никаких «вы». Если мужчина не хочет быть с вами, то надо найти в себе силы и отпустить его. Тут уж нам поможет раздел про то, как пережить расставание.

Но если любовь жива, если хоть немного ее осталось, если кризис неглубок (или, дай бог, кризиса вообще нет и вы просто интересуетесь на будущее), то придерживайтесь простых правил гармоничных и долговременных отношений.

ПРАВИЛА ГАРМОНИЧНЫХ ОТНОШЕНИЙ

1. Давать личное пространство

Главное правило на самом деле — это не душить человека своей любовью. Мужчина должен понимать, что он свободен, но одновременно — с вами. Причем с вами не потому, что вы его держите, а потому, что с вами интересно, что с вами хорошо, что с вами его соединяют более высокие чувства. Он должен чувствовать, что он нужен, что незаменим, что его заботу очень ценят. Тут как всегда баланс между свободой и обязательствами.

«МУЖЧИНУ НЕ УДЕРЖАТЬ НИ ДЕТЬМИ, НИ ШТАМПОМ, НИ ШАНТАЖОМ, НИЧЕМ. ТОЛЬКО СВОБОДОЙ И ИСКРЕННЕЙ ЛЮБОВЬЮ».

Мужчина никогда не уйдет из того места, из того состояния, где ему хорошо. Мужчины уходят только тогда, когда им становится некомфортно. Поэтому пусть он занимается своим делом — кормит семью, обеспечивает, делает все, чтобы его женщина радовалась и была счастлива, а вы занимайтесь своим: создавайте комфортный климат. Отношения должны быть прочные, но легкие. Чувствуете? Хотите такие? Работаем!

МОЙ ОПЫТ

Очень важный маячок, показатель свободы в отношениях — доступ к мобильному телефону вашей второй половины. Как быть? Стоит ли его смотреть и проверять? Если да, то как часто? Ставить ли пароли? Говорить ли эти пароли своему партнеру вообще?

Главное в отношениях — доверие. Если этого нет, то и смысла в отношениях, пожалуй, что нет. Но ведь иногда так интересно, чем живет ваш суженый!

У нас в семье так: никто не читает телефон другого на регулярной основе и каждый день. Но в любой момент любой может взять телефон партнера и посмотреть его просто так — без повода. Если нечего скрывать, то почему бы и нет. Я сама завела эти правила и считаю их наиболее правильными и здоровыми.

Но такие проверки нужно делать очень редко, и если реально есть на то причины. Если вы подозреваете своего мужчину, если он постоянно переворачивает телефон вниз экраном, если ему постоянно кто-то пишет и звонит, и он не не говорит вам кто, — это, конечно, звоночек. Это уже раздел измены.

2. Дозировать общение

Мужчина должен чувствовать, что вы не принадлежите ему до конца. Он должен знать, что может вас потерять, если совершит какую-то недопустимую ошибку. Он должен скучать.

Вас не должно быть много, вы не должны проводить все свое время с ним. Пусть ОН желает вашего внимания и сам приходит за ним, а вы награждаете его собой, как истинная королева. Нас, женщин, порой бывает очень много. Поэтому очень важно давать мужчине побыть одному, уединиться, уйти в себя (см. пункт первый). Мы можем находить отдых и утешения в общении, но мужчины — наоборот.

Не нападайте на мужа с разговорами сразу, как только он пришел домой с работы. Дайте ему расслабиться: уверена, что у него и так был напряженный день. Все, что он ищет по приходу домой, — покой и комфорт. И если его дома с порога начинают напрягать и грузить проблемами, вряд ли он будет чувствовать себя безопасно.

Конечно, если есть ряд семейных вопросов, то их необходимо рассматривать. Но не сразу. Сперва дайте ему отдохнуть, дождитесь подходящего настроения и мягко начните обсуждение. Проследите, чтобы это не выглядело принуждением и агрессией с вашей стороны.

ЕСЛИ ОН ВЗЯЛ ПАУЗУ

Ситуация, прямо скажем, так себе. Однако она уже случилась, она уже произошла, поэтому не надо плакать, надо думать, что делать дальше. Сразу хочу предостеречь: не закрывайтесь в себе. Многие от обиды и злости специально делают свое сердце холодным и черствым, чтобы их больше никто не смог обидеть. Я тоже пыталась, но это не выход.

1. Анализ

Необходимо проанализировать а) хотел ли этот мужчина с вами действительно крепких и постоянных отношений; б) что конкретно вы делали неправильно.

Очень часто мы так хотим верить в идеальный исход, что забываем про реальность. Я вас понимаю, я сама такая. В прошлом меня периодически мутило от собственного оптимизма. Подсознание шептало: «Ну хватит, хватит верить в сказку, будь прагматичной, хватит делать себе больно, думая, что он тот самый, а потом опять обжигаться и страдать». Но все

197

"

Знайте, трудности и притирки бывают у всех, и это не повод разрывать связь. Конечно, легче все бросить, тут особого ума не надо. А вы попробуйте построить свою сказку!

#АффирмацииОм

приходит с опытом, и умение видеть людей — тоже.

Проанализируйте, осознайте и сделайте выводы. Это обязательно пригодится не в этих, так будущих отношениях.

2. Активное действие

Полностью пропадите из его жизни. Он принял решение, что ж, примите и вы. Не бегайте за ним, не вымаливайте у него любовь. Не просите. Занимайтесь собой, своими делами, развивайтесь. Если он любит вас и видит своей женщиной, он вернется. Порой мужчинам нужно дать время. А если нет, то закройте для себя эту главу и начните с нуля строить другие идеальные отношения.

3. Новое начало

Учитывайте в новых отношениях старые ошибки. Создавайте комфортные условия вашего союза, полного любви. Сделайте так, чтобы мужчина не хотел с вами расставаться больше, чем на один день. А этот один день оставьте под здоровый отдых в одиночестве.

ИЗМЕНЫ ♀

Если вы находитесь в отношениях или в гармоничном браке (когда он по взаимной любви, а не по расчету или по воле родителей), то у вас есть определенные обязательства перед друг другом. В том числе обязательство взаимной верности. И если один человек это обязательство нарушает, то второй также вправе пойти на это.

Лично я не знаю, возможна ли счастливая жизнь после измен, для меня это загадка. Зарекаться не люблю, осуждать кого-то — тем более. Не осуждать и не зарекаться — одни из главных моих правил по жизни. Тем не менее этот раздел в книге есть, это явление в жизни есть. Дай бог, чтобы ни с кем из нас этого никогда не случилось и чтобы эти советы так и остались теорией.

ЕГО ИЗМЕНА

Больная тема для женщин. Мой директ завален вопросами об этом. Как пережить? Уходить? Быть мудрой и перетерпеть? И где именно здесь мудрость? Где тонкая грань? Что можно простить, а что — точно нет?

Каждая определяет это сама. Ситуации индивидуальны, и нет для них шаблона. Все зависит от того, как это произошло.

Отбросьте эмоции и попытайтесь разобраться. Да, это сложно, но придется взять себя в руки, именно в таких ситуациях нужны ваши сила и мудрость. Включите холодный рассудок и трезвый ум.

Прежде всего оцените свои ресурсы. Задайте себе вопрос: сможете ли вы с этим жить? Будете ли вы дальше счастливы, зная детали или даже просто факт? Сможете простить или нет?

Затем проведите сухой анализ. Почему это произошло? Может, вы чего-то недодали в отношениях? Не старались их развивать, не старались над ними работать, делать так, чтобы вашему мужчине было комфортно? Может, вы перестали следить за собой и сексуально выглядеть? Если так, то это очевидно — мужчине надо чувствовать, что женщина рядом с ним нравится сама себе, что она делает все для их союза.

«У ВАС ЕСТЬ ОПРЕДЕЛЕННЫЕ ОБЯЗАТЕЛЬ-СТВА ДРУГ ПЕРЕД ДРУГОМ. В ТОМ ЧИСЛЕ ОБЯЗАТЕЛЬСТВО ВЗАИМНОЙ ВЕРНОСТИ».

Знаю, мужчины часто рассказывают женщинам, что это произошло абсолютно случайно, может быть, даже в нетрезвом состоянии. Но это чепуха. Если в сознании стоит блок на какое-либо действие, то мужчина не позволит себе его ни в трезвом состоянии, ни в пьяном. А если допустимость измены была и он подсознательно принимал ее, то это всего лишь реализация задуманного. Любое оправдание — оправдание слабости и беспринципности.

Бывают женщины, которые спокойно переносят мужские измены. Они принимают своего партнера таким, какой он есть. Мол, все мужчины изменяют и никуда от этого не деться. Если вы относитесь к таким женщинам, это ваш выбор и ваше право так жить. Но если вы относитесь к другой категории, категории тех, кто не хочет это терпеть и принимать, — вы и не будете.

Может быть, у вас есть сдерживающие факторы. Вы понимаете, что не сможете существовать без этого мужчины. Или у вас нет денег, и вы зависите от него. Или у вас дети, и вы не хотите, чтобы они росли в семье без отца. У каждой женщины могут быть свои причины простить изменника. Но помните простую истину — семья не будет счастлива, если несчастлива женщина.

У нас одна жизнь, и живем мы для себя, для своего счастья. Если мужчина изменил вам, он вас не любит до конца, полноценно. Или любит, но какой-то своей извращенной любо-

вью, без уважения. Остальное — отмазки и слабости.

Выбор за вами. Взвесьте все «за» и «против». Возможно, он больше никогда и не изменит, возможно, эта ошибка больше никогда не повторится. Но если он изменил два раза, изменит и третий. Исключений нет.

Если вы не готовы мириться, если это знание терзает вам душу, если вы не находите места — бегите и еще раз бегите! Вы не будете счастливы в таких отношениях. Тревога в сердце заменит место этого счастья.

МОЙ ОПЫТ

Мне изменили лишь однажды. Мужчина, который сделал это, сказал, что ему не нужны отношения, что он хочет быть свободен, что ему нужна работа (у него в то время начались проблемы в бизнесе). Для меня это было сродни концу света.

Он был очень популярен среди женщин. Я всегда любила таких мужчин. Меня не интересовали обычные, мне нравились лучшие, те, кто нравится всем. В голове не было понимания, что все кончено, что это разрыв, меня не покидала вера в наше воссоединение, и я не могла отпустить его в своем сердце. Что поделать, мне был 21 год, не хватало мудрости понять, что это не мое.

И вот я увидела его в клубе. Увидела, что он уединяется с какой-то девушкой. Сердце замирает, пальцы холодеют, меня трясет, мне обидно, я чувствую себя самой несчастной и преданной любимым. Было ОЧЕНЬ больно, чудовищно. После этого я впала в такую ревнивую ярость, что не смогла сдержаться: накинулась на эту барышню, оттаскала ее за волосы. А спустя минуту уже обнимала ее в слезах, понимая, что она не виновата, дело в мужчине.

Естественно, они уехали в тот вечер вместе. После этого я уже не могла его простить.

ВАША ИЗМЕНА

Когда изменяет женщина, на то всегда есть веская причина. Она не может изменить, если любит мужчину и ее устраивает сексуальная жизнь с ним. Для нас секс значит намного больше, чем для мужчины, поэтому если мы изменяем, то только с тем, в кого влюбляемся.

Жить с мужчиной, который не устраивает вас в сексуальном плане, — самоуничтожение. Потому что 50% успеха ваших отношений зависит именно от этого. Такими нас задумал Бог, и так устроено природой, и сексуальная совместимость доказывает ваше совпадение. Если этого нет, измены рано или поздно будут, этого

не избежать. Это правило касается большинства.

Но бывают исключения. Есть такой тип женщин, которым не важен секс. И среди моих подруг есть такие, они вполне могут существовать без физической близости. Они любят своих мужчин, им нужна любовь и ласка, а вот секс — не очень.

МОЙ ОПЫТ

Я принадлежу к тем, кому сексуальная совместимость безумно важна. Если бы мне не подходил мой мужчина и идеально не удовлетворял в постели, я бы не смогла быть с ним. Но опыт моей измены — увы, был и такой, — связан совсем с другим чувством.

Это были тяжелые отношения, из которых я очень долго хотела, но не могла выйти. Считала, что точку поможет поставить только другой мужчина. Дело было не в сексе, он был шикарен, из-за него, собственно, и затянулись наши отношения. Мы просто совсем не подходили друг другу по многим пунктам.

Как-то мы в очередной раз поссорились и решили прекратить отношения. Я нашла замену достаточно быстро, но результатом была только боль. Потом мы помирились, я не стала лгать и ска-

зала, что в моей жизни в этот период был другой мужчина, потому что я хотела забыть его как можно скорее. В общей сложности у нас с этим человеком было три года мучительных отношений, и мы все равно расстались. Это был всего лишь вопрос времени.

Теперь я называю это кармической связью — когда вы очень любите, но понимаете, что это не мужчина вашей жизни. И вам очень сложно разорвать отношения, пока вы не пройдете определенный урок. События будут сводить вас вновь и вновь, пока вы не извлечете нужный опыт и не сможете закончить эти разрушительные отношения.

Но что делать, если вас все же тянет на измену? Снова начните холодный анализ. Вы любите своего мужчину? Вы хотите прожить с ним всю жизнь? Если нет — уходите. Если да — возьмите себя в руки.

Всем хочется новых эмоций, все мы люди. Но вы ставите на кон чувства, которые намного возвышеннее обычного влечения. Это любовь, верность, честь. Они должны доминировать над минутными слабостями. Подумайте о последствиях, стоит ли мимолетное увлечение вашей семьи?

> **«ВЫ ЛЮБИТЕ СВОЕГО МУЖЧИНУ? ВЫ ХОТИТЕ ПРОЖИТЬ С НИМ ВСЮ ЖИЗНЬ? ЕСЛИ НЕТ — УХОДИТЕ. ЕСЛИ ДА — ВОЗЬМИТЕ СЕБЯ В РУКИ».**

В первую очередь из-за измены пропадает уважение к себе. Но осуждать не буду, все ситуации индивидуальны, и понять можно каждую.

ИЗМЕНА С ВАМИ

Любая любовница хочет стать женой. Каждой любовнице хочется своей семьи и своего домашнего очага. Мало какая женщина ощущает себя полноценной, будучи в статусе подруги выходного дня. Да, ими восхищаются, дарят подарки, возят на курорты. Но там с ними всего лишь развлекаются, и они это понимают. Поэтому такой статус не самый престижный.

Любовница — всегда вторая (и дай бог, если реально вторая, а то некоторые мужчины если начали изменять, то их и не остановить). А если вы хотите стать женщиной-королевой, вы никогда не должны быть второй. У вас должны быть принципы, и самый главный — не вмешиваться в чужие счастливые отношения.

На чужом счастье своего не построишь, но если мужчина сам по каким-то причинам ходит налево, тут уже не ваша вина. Однако ваша ответственность тут — не влюбляться в женатых, не заводить отношений с тем, кто изменяет жене. С таким вы никогда не будете чувствовать себя спокойно. Мужчина, предавший свою семью, также однажды предаст вас, это неизбежно (но только если дело не в жене. А то бывает, что мужчина сам не хочет разрушать семью, оставлять детей, но жена сама делает все, чтобы разрушить брак).

А еще очень часто мужчины обманывают женщин. Мои подписчицы часто присылают такие истории. Он говорит, что женат, но они с женой давно чужие люди, не спят вместе или готовятся к разводу. Это обман, но так хочется в него верить, не правда ли? Однажды так была обманута и я.

МОЙ ОПЫТ

Нельзя лезть в чужую семью и разбивать ее, я знала это всегда. Но опыт общения с женатыми мужчинами у меня был. Я с вами *честна и не хочу, чтобы кто-то думал, что я строю из себя святую и при этом учу других жизни. У меня был определенный опыт и именно благодаря ему я могу делать четкие выводы, анализировать ошибки и больше их не повторять. А еще — рассказать вам, к чему приведет та или иная дорога.*

Итак, женатый мужчина. Обаятельный, умный, безумно богатый. Уже на стадии ухаживания он спрашивал у меня, как мы назовем нашего будущего сына. Я не доверяла, отшучивалась, относилась осторожно, но он так пускал пыль в глаза, что однажды все-таки затуманил мою бдительность. Все мы хотим верить в сказку, и нас бывает легко провести разговорами о семье, шикарном будущем. А что нам еще надо, одно и то же по сути: любви, счастья, семьи, детей и комфорта.

Но оказалось, что этот мужчина был не просто женат. Он был женит ни молодой даме, и никто из них не собирался разводиться!!! Я узнала об этом случайно, на одном из мероприятии мы пересеклись компаниями, их столик стоял рядом с нашим. Эта пари выглядела счастливой, а жена если и подозревала о чем-то, то в очередной раз простила.

Меня накрыла паника, мне было очень больно. Я могла легко устроить там скандал и рассказать про мужа-сказочника. Но вместо этого я собрала всю волю в кулак и даже не подошла. Мстить — это низко. Выяснять отношения — мелочно.

Потом я ему написала: «Бог тебе судья». Переживания, слезы. Серд-це болело безумно, но я отпустила. Поблагодарила ситуацию за хороший и ценный урок и пообещала себе больше никогда не связываться с мужчинами, которые не закончили свои прежние отношения.

Но есть и исключения из правил. Те самые отношения, которые длились четыре года, были тоже с женатым мужчиной. Но человек был женат только официально, и с женой они не разводились по юридическим причинам. Он много лет жил один, она давно жила своей жизнью. Вот такие условия принять можно. Но я в этих отношениях все равно не видела будущего, потому что он никогда больше не хотел жениться и я четко понимала: это не моя тема. А вот счастливую семью я бы намеренно никогда не разбила.

ТЕОРИЯ

Ссоры

Вы же хотите иметь здоровые отношения? Думаю, да. Я тоже хочу, но не всегда получается так, как мы хотим. Люди ссорятся, и причинно-следственная связь может быть разной. Порой это просто кармические отработки, уроки, а порой — свидетельство разности характеров. Так или иначе ссориться тоже надо уметь. Правильно поссоришься — быстро миришься. Поехали!

ПРАВИЛА ПОВЕДЕНИЯ ПРИ ССОРЕ

1. Не терпите обиду

Нельзя терпеть обиду и говорить, что все хорошо, если это не так. Отношения должны быть комфортными для обоих. Они созданы для обоюдного счастья в паре. Если что-то не так, то лучше это обсудить.

Приучите своего мужчину вести диалог. Нам, женщинам, необходимы такие разговоры, а вот мужчины идут на них с трудом. Ну ничего, привыкнут. Дайте понять своему партнеру, что для вас очень важно понимать, что он чувствует, о чем он думает. Скажите, что вам это необходимо для того, чтобы сделать ваши отношения более гармоничными.

2. Не повышайте голос

Самое важное, что я уяснила для себя: в ссорах нельзя срываться. Запал пройдет, эмоции улягутся, а осадочек останется. Старайтесь не поднимать друг на друга голос. Понимаю, что без повышенных нот нельзя, но не доводите ситуацию до криков и оров. Если эту грань не переходить, то разрешить спор получится быстрее и легче. Общайтесь как дипломаты на переговорах: грамотно, аргументированно, а не как алкоголики на улицах, с криками и бранью.

3. Не оскорбляйте друг друга

Следите за словами и за языком. На оскорбительные слова должно быть строгое табу. Договоритесь, что какой бы напряженной ни была ситуация, вы не имеете права оскорблять друг друга. Не позволяйте этого ни мужчине, ни себе. Я знаю, о чем говорю, потому что допускала брань в одних отношениях и полностью контролировала в других. Разница невероятная.

Это в ваших руках, потому что именно вы устанавливаете правила отношений. Не позволяйте себе ругаться матом при мужчине, усиленно избегайте этого. Понятно, что все мы люди, но будьте сильными, обуздайте свою речь.

Не ругайтесь на него. Например, можно сказать «мне попался на дороге идиот», но категорически нельзя называть идиотом своего возлюбленного. Вы же первая перестанете уважать мужчину, который подобное стерпит.

> **«ССОРИТЬСЯ ТОЖЕ НАДО УМЕТЬ. ПРАВИЛЬНО ПОССОРИШЬСЯ — БЫСТРО МИРИШЬСЯ».**

Запрет на оскорбление выработает взаимное уважение. Если он нарушил это правило, сразу делайте замечание, потому что спустите ему это с рук раз, повторится второй. И сразу попросите извиниться, если оскорбление имело место. Донесите до него, что вы ЕГО женщина, а свое следует беречь и уважать, защищать и оберегать.

Не затрагивайте больные темы, которые могут ранить, не задевайте его личность, не оскорбляйте родителей. Многие раны, нанесенные сгоряча, бывает очень трудно вылечить. Поэтому просто следите за собой.

МОЙ ОПЫТ

В моих прежних отношениях (тех, что длились три года) ссоры были постоянными. Дело доходило даже до драк, могла взять что-то в руки и бросить в него на нервах. Я понимала, что это ужасно и так быть не должно. Несмотря на то что была уверена в своей любви, понимала, что жить в таких отношениях не хочу, что этот человек никогда не будет моим мужем, что в моей семье такого не будет.

Так и вышло. Сейчас я замужем за прекрасным человеком, у нас все иначе, гармония победила. Мы почти не ссоримся, хотя очень быстро стали жить вместе. Если конфликты все же случаются, то по моей инициативе и очень редко. Я идеалистка и люблю, когда все идеально. Могу вспылить на эмоциях, но выносить мозг не стану, за что меня очень ценят. Я вообще не люблю конфликты, предпочитаю радовать, и давно выбрала счастье и гармонию.

Если ссоры и происходят, то в основном в ПМС. Я заранее предупреждаю о том, что гроза близко, и моя половинка относится к ней снисходительнее. Мужчине нужно понимать, что в такие дни любимая может вспылить без особого повода, ее нужно просто ласково успокоить. Поговорите на эту тему со своим мужем, заранее попросите не обижаться. Но и сами старайтесь себя контролировать.

Наши ссоры начинаются так. Я не предъявляю, не кричу, не выношу мозг, чаще всего просто обижаюсь, если меня что-то не устраивает. Ухожу в себя и не разговариваю. Я делаю это автоматически, не специально, но скрывать не могу — все написано на лице. Могу отвернуться и заплакать, так выражается моя боль. Любимый в ответ сразу пытается выяснить, в чем дело и чем он меня обидел.

Мужчине всего лишь стоит сказать расстроенной женщине, что все будет хорошо, пожалеть, приласкать. Ведь мужчина в первую очередь — разум, а женщина — эмоции.

Женщине, конечно, тоже нужно быть мудрой и уметь вовремя остановиться. Но знаю, милые, не так-то это и просто. Тем не менее старайтесь себя контролировать и не нарушать правила, приведенные в этой главе.

4. Не перегибайте палку

Нельзя выносить мозг, это красная тряпка. Мудрость женщины заключается в том, чтобы донести до мужчины нужную ей истину мягко и ненавязчиво, не заставляя и не принуждая его. Иначе он включает оборонительную позицию.

Если вы ссоритесь, то переходите в роль девочки-дочки. Это самый правильный вариант развития событий, потому что он обезоруживает мужчину. Начни вы на него кричать, он тут же займет позицию защитника своих границ, и тогда вы проиграете стопроцентно. Вступать в сражение с мужчиной — гиблое мероприятие. Впрочем, речь идет о настоящих мужчинах, а не о подкаблучниках, ибо если побеждаете вы, то зачем вам такой мужчина. Оборона — типичная реакция всех нормальных мужчин, которых вы сами будете уважать.

ПРИМЕР.

Мужчина собирается пойти со своими друзьями в бар, а вы совсем не хотите, чтобы он сегодня уходил. Вы можете попытаться поставить запрет — «нет, ты никуда не пойдешь». Из-за такой формулировки стопроцентно разыграется ссора. Запрещать вы не должны. Предоставьте свободу, но при этом скажите что-то вроде: «Милый, конечно, ты можешь пойти, но мне бы так было приятно провести вечер вместе именно сегодня! Мне так хочется, чтобы ты получил удовольствие от нашего совместного времяпровождения. А любой другой день в твоем распоряжении».

Главное в общении с настоящим мужчиной — мягкость и ласка. Ни в коем случае не агрессия, истерики или явные манипуляции.

5. Не тыкайте

В ссорах нельзя упрекать и корить. «Ты мне жизнь испортил», «ты такой-сякой». Это на подсознательном уровне воспринимается как «ты очень плохой, ты виноват, вся ответственность за эту ссору лежит на тебе». Концентрируйте его внимание на себе и своих чувствах. «Мне было больно», «мне было обидно». Это опять же не спровоцирует у мужчины позицию обороны.

6. Не уходите из дома

Это тоже правило, которое касается обоих. До ситуации, когда хочется сбежать, лучше вообще не доводить, но если желание непреодолимое, то лучше скандал дома и гордое шествие в другую комнату, только бы не на улицу. На эмоциях мы можем натворить глупостей, а это никому не надо. Обязательно обсудите это со своим партнером.

Я несколько раз порывалась во время ссор уйти из дома, грозно смахнув вещи с тумбочки и бросив мрачное «до свидания». Но, естественно, тормозилась на пороге и ждала, когда меня догонят и расцелуют. В итоге пообещала больше так не поступать. Это действительно ошибка, которой нет места в вашем доме. Не делайте так, если вы семья и планируете сохранить здоровые отношения.

7. Не обижайтесь долго

Знайте меру и грань. Постоянные обиды без существенного повода могут рано или поздно надоесть мужчине. Поэтому обижайтесь по делу.

Когда мужчина начнет проявлять внимание, можете сказать, что вас ранило. Ни в коем случае не сходите с этой дистанции, не повышайте голос, доносите все спокойно. Пытайтесь разрешить конфликт, высказаться, объяснить, что вас тревожит и сказать партнеру, какой бы вы хотели видеть данную ситуацию (опять же учитывая все правила, приведенные здесь).

И не ложитесь спать без перемирия. Заснуть с обидой — самое тяжелое, старайтесь выяснить все сразу. Так вам самой будет легче, как минимум сбережете нервы и не накрутите к утру проблему более глобальных масштабов.

Женщина имеет право вспылить хотя бы потому, что она эмоциональнее. Мужчина должен это понимать, потому что он по своей природе рассудительнее. Просите своих мужчин усмирять вас добрым словом. Мы с любимым договорились именно так. Он знает мой секретный рычажок: ему достаточно сказать, что он любит меня, добавить несколько ласковых слов, и все, я успокаиваюсь. Ведь агрессия порой — всего лишь недостаток любви.

8. Извиняйтесь, если не правы

Если вина ваша, то вы должны первая идти на примирение и извиняться за конфликт. Гордыне в отношениях не место. Это не стыдно сделать, более того — вам должно быть приятно. Ведь вы обидели человека, которого любите. Вы же хотите, чтобы он извинялся, будучи виноватым? Это справедливо, не так ли? Будьте честны и объективны.

Порой нет ни правых, ни виноватых. В таком случае лучше не вставать в позу, показать, что вы готовы к примирению и ждете его инициативного слова.

Будьте ласковой и гибкой. Мужчина должен бояться вас потерять, а боятся потерять только настоящих женщин — нежных и ласковых, а не грубых, агрессивных и вечно пилящих.

9. Не выносите сор из избы

Ссоры двоих — это ссоры двоих. Если в ваших отношениях нет насилия (если есть — бегите, бросайте все, так не должно быть), не предавайте публичности то, что происходит за стенами вашего дома.

Не надо рассказывать родителям. Вы помиритесь и простите свою половинку, а негативное мнение у семьи останется. А как же иначе, ведь вы их драгоценная малютка, которую обижает не родной им человек.

Не надо рассказывать о ссорах подругам (о мелких конфликтах можно). Никто так глубоко не знает ваших отношений, как вы сами. Вам подруги дадут какой-нибудь безумный совет, а вы ему последуете. Порой из-за неверных советов распадались семьи, которые можно было спасти, стоило только чуть сменить тактику. И подруги-то не виноваты, может быть, искренне хотели лучшего. А получится все равно очень плохо.

ЧТО ГОВОРИТ ЭЗОТЕРИКА?

Есть такое понятие, которое называется «эгрегор». Это энергоинформационная сущность, мини-атмосфера, которая объединяет людей. Рождается из мыслей, чувств, эмоций.

Эгрегор может помогать сплочению людей, а может и разрушать их союзы. Может увеличивать и счастье, и страдания. Все зависит от того, какую подпитку эгрегор получает от семьи. Если эта подпитка — эмоции от ссор, то он станет слабым, истощенным, начнет посылать обратно такие же негативные эмоции, мысли и чувства. Каждое произнесенное слово эгрегор возвращает человеку (паре, семье), перед этим превратив его в мыслительный процесс вокруг себя же.

Множа ссоры — множите скорби. И только так.

Расставание

ПОРА УХОДИТЬ 😕

Бывает так, что отношения двух людей заканчиваются. Может быть, кто-то ошибся. Может быть, просто прошла любовь. Так бывает, когда человек «не ваш».

Нам всегда кажется, что пережить разрыв сложнее той стороне, которую оставили. Но когда делаешь это по своей воле, больнее не меньше. Я была и в том, и в другом положении, поэтому знаю о чем говорю.

МОЙ ОПЫТ

Это история об отношениях, из которых хотела выйти я. Между нами были любовь, страсть и сильная привязанность. Это та самая мучительная и очень тяжелая связь, которая длилась три года. Мы много раз расставались, но после этого вновь сходились. Тяжело расставаться, когда есть сильные

привязки в виде кармических связей! Тут как раз нужно было мне проработать много уроков, я вам уже об этом рассказывала.

Только со временем я стала понимать, зачем этот человек был в моей жизни. Если бы не он, я не оценила бы по достоинству свои будущие отношения, не стала бы мудрее. А ведь были отношения, в которых оставили меня. И они (как и те, про которые речь шла выше) были огромным толчком в развитии. Я реально занялась собой и своим брендом. Все так или иначе — к лучшему.

Иногда женщины дают уж слишком много шансов мужчинам! Борются в одностороннем порядке за отношения, вкладывают уйму сил в них. Или вообще пытаются переделать партнера. И тут кроется опасное заблужде-

Особняком стоит ситуация, когда надо уходить стопроцентно. Не миритесь с мужчинами, которые делают вам больно и заставляют плакать. Нет ничего такого, нет таких благ, ради которых стоит терпеть унижение, будь оно моральным или физическим. И знайте, «ваши идеальные» существуют! Умейте ждать, выбирать и не соглашайтесь на меньшее.

корректировать поверхностные недостатки, доводя до идеала. Исправлять мужчину под корень — это тяжкий и неблагодарный труд! Полностью они никогда не меняются. Есть отличная фраза: «Глупая женщина пытается перевоспитать мужчину, умная стремится его научить, и только мудрая оставляет его в покое».

Если мужчина в глобальном смысле вас не устраивает, отношения закончатся. Через месяц, через год, через три — все зависит от того, насколько у вас хватит сил и терпения. Знайте, что терпеть и переделывать можно бесконечно, но будете ли вы счастливы при этом? Подумайте и выбирайте свою дорогу мудро.

ние, будто бы мы можем кого-то кардинально изменить. Это не так.

Мужчину надо либо принимать таким, какой он есть, либо минимально

ПЕРЕЖИТЬ РАЗРЫВ 💔

Я очень хочу поддержать вас, если вы пережили или переживаете тяжелый разрыв и вам очень плохо. Вам сейчас сложно поверить, но это так: впереди вас ждут отношения намного прекраснее. Забирая что-то, Господь всегда готовит нам нечто великолепное взамен.

Все события служат нам уроками. Тяготы очищают, горе и скорбь облагораживают. Жизнь будет давать нам жесткие уроки до тех пор, пока мы не станем лучшей версией себя. Только

когда мы очистим сердца от скверны и злобы, когда умаслим их светлыми, чистыми качествами, добром и любовью, только тогда Господь начнет нас по-настоящему награждать и дарить те возможности и шансы, о которых мы могли только мечтать.

Ваш разрыв — не просто так, ничего в мире не просто так. Понимаю, вам тяжело, но постарайтесь принять этот конец с благодарностью. Спустя какое-то время вы поймете, о чем я говорила. Все только к лучшему.

МОЙ ОПЫТ

Тяжелее всего приходится романтикам, которые верят в вечную любовь. Скептикам, которые не витают в облаках и не строят воздушных замков, легче пережить разрыв. Я, к сожалению, к таким не отношусь. Мне пришлось пройти через весь ад разрыва, когда казалось, что смысла жить больше нет и этого всего я точно не переживу. Земля уходила из-под ног, было ужасно сложно просыпаться, я потеряла много сил и здоровья. И некому было дать мудрый совет, и все тяготы пришлось переносить самой. Все было на своем личном опыте. Впрочем, поэтому он и бесценен!

Это был тот самый мужчина, который сказал, что не хочет серьезных отношений и ему нужна его работа. Я уже рассказывала вам о нем, помните? Мне был 21 год. Я видела смысл жизни в семье, в муже. Сначала мне казалось, что именно с ним меня ждет светлое будущее, ведь именно ради этого человека я оставила своего первого мужа. И мне было больно от него уходить, но наши отношения изжили себя.С его стороны не было никакого развития и роста, по характеру мы не сошлись, да и мне мудрости не хватало. Я, сделав ему очень больно, ушла, обрубив все связи.

Наглядно можно проследить закон бумеранга. Он не заставил долго ждать. Спустя год беззаботной жизни мой новый любимый мужчина сказал: «Я ухожу». Он не уходил к кому-то определенному, какой-то одной девушке, он просто выбирал свободу. Ну вот такой он человек, не нужен ему никто рядом (так он тогда говорил мне).

Я не понимала, в чем я так провинилась перед Господом в своем столь юном возрасте. Я ведь просто хотела жить в любви с тем, кого хочу и люблю. За что? Я задавала небесам лишь один вопрос.

Сейчас знаю: если что-то происходит в жизни, то оно происходит не просто так. События, которые даны нам свыше, обязательно идут нам на пользу, несут какой-то урок. И нужно смотреть на них в долгосрочной перспективе. Тогда мне казалось, что это конец света и я не смогу существовать без этого человека.

Но прошли годы. Я взглянула на ситуацию с высоты прожитого и осознала, какое это на самом деле счастье — вовремя разойтись. Как мудро распорядился Господь, как он спас меня тем, что отвел ту жизнь, что я так слепо хотела выбрать. Тот человек растерял всех друзей, его личная жизнь не сложилась, бизнес развалился. Несколько лет спустя мы встретились, и он сказал, что я — его идеал, на который всем стоит равняться. Что сейчас он понял: я лучшая женщина из тех, что он встречал. Женщину своей жизни на тот момент он так и не встретил. Но, дай бог, встретит. Искренне ему этого желаю.

Так что все события приходят в нашу жизнь не случайно. Все происходит так, как оно должно произойти. Все, что мне хотелось делать в первые дни разрыва, — плакать и молиться. Но зато потом случился один из самых больших подарков Бога. Я познакомилась с таким мужчиной... Он — мечта каждой женщины в мире. Но подробности об этом я расскажу вам в своей следующей книге.

Что ж, мир устроен так, что не только нам могут не подойти возлюбленные, но и мы — им. Мужчины уходят либо когда прошла любовь, либо если ее не было вообще (а они принимали за это чувство влюбленность или влечение).

«ВАМ СЕЙЧАС СЛОЖНО ПОВЕРИТЬ, НО ЭТО ТАК: ВПЕРЕДИ ВАС ЖДУТ ОТНОШЕНИЯ НАМНОГО ПРЕКРАСНЕЕ. ЗАБИРАЯ ЧТО-ТО, ГОСПОДЬ ВСЕГДА ГОТОВИТ НАМ НЕЧТО ВЕЛИКОЛЕПНОЕ ВЗАМЕН».

Они могут уйти к кому-то. Они могут уйти от кого-то. Больно будет одинаково, хотя на первый взгляд может показаться, что первый случай куда унизительнее. Нет, мои дорогие. Это не так. Не чувствуйте себя униженными, если человек ушел от вас. Вы не вещь, вас нельзя бросить. Вы — личность. И обязательно в вашу жизнь однажды придет кто-то, кто оценит вас по достоинству. А ваша ответственность — пережить это, не погрузившись в депрессию.

ПРАКТИЧЕСКИЕ СОВЕТЫ

1. Анализируйте и делайте выводы

Опять наш любимый сухой анализ. Подумайте, было ли что-то, что вы делали неправильно? Какая-то ситуация, в которой вы могли поступить рассудительнее, умнее? Или все было хорошо и вам не за что себя корить?

Вы могли элементарно не сойтись характерами. Я думаю, этот факт должен вас успокоить. Подумайте, как жить с человеком всю жизнь, если вы никак не сходитесь, постоянно скандалите, если у вас разные цели и принципы. Это явно знак. Люди порой влюбляются, но жить вместе не могут. Значит, этот опыт вам был для чего-то нужен.

Вы могли ошибиться. Извлеките урок из этих отношений. Поймите, что уроки в виде людей и ситуаций будут приходить в жизнь до тех пор, пока вы их не выучите. И не поступите в определенной ситуации по верным законам Вселенной. Начинать с себя — верное решение. Начните работать над собой, чтобы впредь этого не повторилось. Ну а то, что мы делаем правильно, а что нет — легко понять, если вы прочитали эту книгу с самого начала.

2. Не пишите ему

И не звоните. Как бы вам ни хотелось, не делайте этого. Имейте честь и достоинство. Просить о любви — самая большая ошибка женщин. Я сама ее делала, и, поверьте моему опыту, ни к чему хорошему это не привело. Да, у меня были ошибки, но я искренне хочу, чтобы у вас, моих девочек, их было как можно меньше.

Если он захочет, то сам и напишет, и позвонит, и приедет, и мир перевернет. А вы еще подумаете, принять ли этот мир обратно после всего пережитого. Но сами не унижайтесь.

И да, время лечит. Только очень прошу: не тратьте его на страдания и боль. Меняйте свою жизнь и творите свое счастье.

3. Молитесь, медитируйте, читайте аффирмации

Одним словом — заботьтесь о своей душе. Никто не утешит лучше Господа. Ничто не программирует ваше сознание лучше аффирмаций. Никто не притянет в вашу жизнь любовь, гармонию и счастье, кроме вас. Заряжайте свой ум. Выполняйте практики, которые я вам даю. Наполняйтесь энергией, обретайте гармонию.

И держите в уме: каждый раз, когда вы отдаете себя во власть горя, вы тратите свои нервы и разрываете свое (единственное) сердце. Живите верой в лучшее будущее, и оно случится! Это не пустые слова. У вас действительно все впереди.

4. Развивайтесь

Уходите в хобби, работу, занимайтесь саморазвитием. Поставьте себе цель и идите к ней.

Запишитесь на вокал и танцы. Начните изучать язык. Смотрите сериалы на английском языке с субтитрами. Не теряйте никогда время впустую, вкладывайте в себя.

3. Занимайтесь спортом

Спорт — очень крутой помощник. Он даст выход адреналину, и вам станет легче. Физкультура действительно помогает избавится от ненужных мыслей.

Силовые, кардио. Потом обязательно плавание. Вы знаете, как я верю в целительную силу воды. Она заберет ваш негативный настрой, смоет плохую энергию. При каждом движении вперед думайте, как она смывает с вас ваши недуги и тревоги. Оставляйте их позади.

5. Не злоупотребляйте алкоголем

Про «что покрепче» даже речи не идет. Можно расслабиться и устроить однодневный загул, но не больше. Нельзя переводить это в разряд системы, уж поверьте мне, я пробовала.

Сначала, конечно, будет весело, потому что алкоголь перетряхивает наши запасы серотонина. Зато на следующий день они оказываются в минусе, следовательно, апатия вам обеспечена. И уж точно в состоянии психической нестабильности вы как следует усугубите свою депрессию. Продукты распада этилового спирта приведут к интоксикации, а она — к нарушению функционирования головного мозга. Кроме того, они застопорят производство и выделение серотонина, который отвечает за наше счастье. Даже минимальные дозы этанола чреваты развитием тоски. Оно вам надо?

Как избавиться от ненужных связей

ЧИСТКА ОТ ПРОШЛЫХ ОТНОШЕНИЙ ✂

Эту практику я начала делать на Мальдивах, куда полетела с мамой после тех самых болезненных отношений, что длились три года. На тот момент я была сильно опустошена, потому что очень много тратила на них сил и энергии: мы то расставались, то сходились, то снова расставались, то снова сходились. А ведь известно, что мужчины, с которыми у нас была интимная близость, семь лет тянут из нас энергию.

В итоге я начала искать гармонию и источник ресурсов. Тогда-то я наткнулась на одну готовую практику, которая заставила меня задуматься. В процессе выполнения я переделала ее под себя и теперь считаю частично своей ☺.

1) Выполняйте практику на закате 19-го лунного дня. Это отличное время, чтобы проститься с тем, что давно пора было оставить.

2) Идеально, если у вас получится выполнить ее на природе — на берегу океана, в лесу, в поле. Если нет, подыщите природный островок, где вы можете уединиться.

3) Сядьте в позу йога и закройте глаза. Расслабьтесь, помедитируй-

99

И в горе, и в радости — это значит, что «иногда будет действительно сложно, но мы обещаем найти выход, понять друг друга и мудро все расставить по местам, принося любовь, заботу и счастье».

#АффирмацииОм

те немного. Приведите мысли в порядок.

5) Встаньте, разуйтесь, почувствуйте под ногами песок или землю.

6) Повернитесь налево и представьте человека, с которым у вас была связь. Рассмотрите его в деталях, почувствуйте его запах, сверьте каждую черточку. Представьте, что от него к вашей матке тянется серебристый луч энергии — это ваша связь с этим человеком.

7) Сложите вместе три пальца — указательный, средний, большой — подцепите им этот луч и начните рисовать им спиралевидные круги напротив матки. Сделайте семь кругов против часовой стрелки.

8) В это же время вдохните и скажите: «Здравствуй ... (имя). Я благодарна тебе за то, что между нами было. За те чувства и тот опыт. Но дальше я пойду без тебя. Отдай мне мою энергию. Я обрываю нашу связь».

9) На седьмом круге повернитесь направо, выдохните, выдерните из матки конец этого серебристого луча и бросьте этому человеку. Не важно, поймает он его или нет. Скажите: «Прощай ... (имя). Не держи на меня зла. Я отпускаю тебя».

10) Представьте, как он разворачивается и уходит. Ваша связь разорвана.

КАК КРУТИТЬ ВОРОНКИ

Воронка — это кружение энергии, которое вы запускаете своим телом или какой-то определенной его частью. Сила воронки известна еще с древних времен, как на дальних берегах Африки и Латинской Америки, так и на просторах родной Руси. Воронка может притянуть в вашу жизнь что-то, а может и вытолкнуть это из нее.

Секрет успеха воронок — в правильном алгоритме. Можно крутить воронку против часовой стрелки вверх — и тогда вы будете очищать себя. Можно по часовой вниз — и тогда вы станете наполняться или притягивать то, что задумали.

Против часовой — очищающий виток энергии, позволяет избавиться от чего-то.

По часовой — созидательный виток энергии, позволяет приобрести или притянуть что-то.

Можно крутить воронку верхнюю, а можно — нижнюю. Верхняя — это мужская энергия космоса, которая отвечает за деньги, уверенность, первое впечатление. Нижняя — это женская энергия Земли, которая отвечает за любовь, чувства, гармонию.

Мы начинаем крутить воронку строго в новолуние (это благоприятный день для любого начинания) и крутим строго 21 день. Это тот срок, который необходим подсознанию, чтобы зафиксировать какую-то привычку. Этот же срок необходим и Вселенной.

ВОРОНКА НА ПРИТЯЖЕНИЕ ✆

1) Уединитесь на природе или в хорошо проветриваемом помещении. Встаньте ровно.

2) Вдохните. Положите руки на грудь крест-накрест.

3) Выдохните. Опустите руки вниз, выпрямите.

4) Через стороны поднимите их наверх. Потянитесь кончиками пальцев к Вселенной. Замрите в таком положении на несколько секунд. Очистите голову и сосредоточьтесь на образе того, кого хотите привлечь.

5) Вновь сложите руки на груди крест-накрест. Задержите дыхание и опустите ладони к матке.

6) Сложите ладони в треугольник: соедините друг с другом большие пальцы (чтобы они касались друг друга кончиками) и указательные (они должны также касаться друг друга и смотреть вниз)

6) Начинайте делать воронку — собой. Кружитесь по часовой стрелке, то есть вправо. Повторяйте про себя имя человека, которого хотите при-

влечь или его общее звание: «Мой идеальный мужчина из дневника желаний».

Вам надо сделать минимум восемь кругов. А максимум — на ваше усмотрение, смотря какой силы мужчину хотите привлечь.

ВОРОНКА НА УДЕРЖАНИЕ

Эта воронка идентична по алгоритму той, что мы крутим на привлечение, с одной лишь разницей: наши ладони не складываются в треугольник напротив матки. Они ложатся одна в другую, как если вы вас взял за руку ваш возлюбленный. Все остальное — в том числе направление воронки и количество кругов — остается прежним.

КАК ПЕРЕДАТЬ ЭНЕРГИЮ МУЖУ

Вы уже очень хорошо знаете, что женщина наполняет силой мужчину, дает ему энергию. Мужская энергия связана с космосом, а женская энергия (в первую очередь) земная. Жена накапливает силу, а муж ею питается. И если у нее сильная и правильная энергия, то в их семье будут твориться чудеса, оба будут процветать.

Чтобы это произошло, вы должны любить своего мужа чистой и безу-

229

словной любовью. Принимать его таким, какой он есть. Не переделывать и не бороться с его недостатками, потому что тогда у вас будет не счастливая жизнь, а вечная битва. Вам стоит либо принять его таким, какой он есть, либо оставить для другой женщины, для которой его несовершенства не будут критичными.

Тем не менее я все еще за то, чтобы корректировать мужчину: мудро и постепенно, женскими уловками, ненавязчиво, чтобы не тревожить его зону комфорта.

Помните, он — мужчина! Значит, главный. А если по-другому, то энергии в паре протекают неправильно, и вы не добьетесь совместного процветания, изобилия и счастья. Позвольте мужу быть лидером, главным, сильным, защитником. Этим вы повысите уровень его мужественности и личного эго, что очень важно. Примите то, что его слово решающее. Это порой сложно, я знаю по себе. Внутренняя борьба сильнее, чем борьба с мужем, которую уж точно лучше не допускать. Помните, мужчина никогда вам не уступит, если вы начнете борьбу наравне. Вы можете выиграть благодаря женской слабости и мудрости. Только так.

Старайтесь хвалить своего мужчину и превозносить его лучшие качества. Именно те, которые помогут ему добиваться тех вершин, которые нужны вашей семье для процветания. Но и перехваливать тоже не нужно.

Женщина — двигатель успеха мужчины. Ее поддержка и вера в мужа творят чудеса. Вы передаете ему свою энергию в первую очередь мыслями: о нем, о его успехе. Поэтому всегда думайте и представляйте, как ваш мужчина зарабатывает хорошие деньги, заключает успешные контракты и его бизнес успешно развивается. Этого уже достаточно, но у меня для вас, разумеется, есть и практики.

ВЕЛИКАЯ ЛЮБОВЬ 💌

Сильнейшая передача энергии мужу происходит во время сексуального контакта. Поэтому вы должны заниматься сексом только по желанию. Помните, что сексуальность — дар Господа, и только вступая в близость при взаимных чувствах, с радостью, с настоящей страстью, вы наполняетесь энергией и передаете ее мужу. Так что если у вас нет настроя — лучше перенести.

ЗОЛОТО ЖЕНЩИНЫ

1) Обнимите своего мужчину у постели перед сном.

2) Сделайте семь сжатий вагинальными мышцами. Так вы генерируете энергию Земли, которая накапливается у вас в матке.

3) Положите свои руки на крестец мужа, он находится в зоне копчика. Крестец — центр мужской денежной энергии. Он отвечает за материальное благополучие. Боли в крестце говорят о проблемах с финансами в реальной жизни. Поэтому, посылая энергию таким образом и убирая блоки с пути течения энергий, жена помогает мужу обрести силы для зарабатывания денег.

4) Закройте глаза. Представьте, как у него все получается, как он добивается всех целей и в карьере, и в финансовом аспекте. Представьте, что вы передаете мужу самую лучшую, самую чистую в мире энергию. Можно даже не говорить ему об этом. Просто верьте.

Аффирмации

Правила аффирмаций

Аффирмация — это короткая фраза, несущая в себе положительную установку. Когда мы повторяем ее много раз, то закрепляем создаваемый ею образ в своем подсознании. Благодаря этому наш психоэмоциональный фон улучшается, и мы начинаем притягивать положительные события и перемены в жизни. Но нужно правильно составлять аффирмации и работать с ними. Сейчас научу как.

ПРАВИЛА СОСТАВЛЕНИЯ АФФИРМАЦИЙ

1. Аффирмации составляем только от первого лица: я, моя, мне, у меня.

- Я обладаю хорошей фигурой.
- Мой бизнес становится успешнее.
- Мне везет с подругами.

2. Не используем в аффирмациях частицу «не». Про отрицательные частицы мы уже говорили при составлении карты и дневника желаний.

Вместо «я не набираю лишний вес» говорим «я остаюсь при своем прежнем весе».

3. Аффирмация составляется в настоящем времени. Про это тоже уже был разговор, помните?

Вместо «я налажу отношения с мужем» говорим «у меня отличные отношения с мужем».

4. Аффирмации проговариваются вслух и несколько раз подряд. Так у нас получится лучше закрепить установку в подсознании.

5. В аффирмацию надо верить. Оставьте свой скептицизм, это ра-

ботает! Это не какие-то сказки, это прикладная наука. Наш мозг — величайшее творение Бога. Он может еще и не такое.

6. Читайте аффирмации каждый месяц в полнолуние и новолуние, в 20:00 по Москве. Вас у меня много, и каждая — прекрасна. Когда много женщин с благими намерениями одновременно начинают посылать Вселенной энергию через аффирмации, создается невероятный массив силы. Все желаемое приходит быстрее. Мы не можем все оказаться в одном помещении и быть рядом друг с другом, но мы можем быть вместе мысленно.

Дальше будут написаны мои аффирмации, которыми вы можете пользоваться. Я люблю читать их на природе, на свежем воздухе, в тишине и уединении. Если делаю это дома, то зажигаю свечу (огонь уничтожает негатив) и ставлю стакан воды рядом, чтобы читать именно на воду (ведь мы уже знаем, какой силой она обладает).

В каждом разделе после пятнадцати моих аффирмаций будут стоять пять пустых строчек — для ваших. Будьте счастливы!

На любовь к себе

❀ Я — женщина и горжусь этим!

❀ Я прекрасна и женственна!

❀ Я умею заботиться о себе!

❀ У меня милый характер!

❀ Я излучаю счастье, радость и любовь!

❀ Я — единственная и неповторимая!

❀ Я — сильная и здоровая!

❀ Я — величайшее творение Господа

❀ Я — самое любимое дитя Бога

❀ Я создана прекрасной

❀ Я умна и мудра

❀ Я — магнит для любви

❀ Я заслуживаю любви всего мира

❀ Мир любит меня

❀ Я люблю, доверяю и ценю себя!

❀

❀

❀

❀

❀

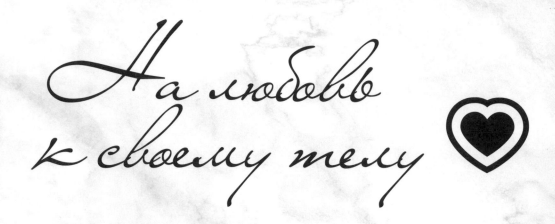

На любовь к своему телу

- ❀ Я — воплощение божественной красоты и здоровья
- ❀ Мое тело идеально для моей чистой души
- ❀ Я желанна и привлекательна
- ❀ Здоровье и гармония освещают меня изнутри
- ❀ Я здоровая и цветущая женщина
- ❀ Моя кожа сияет и светится
- ❀ Все части моего тела здоровы
- ❀ Я в гармонии с красотой этого мира, я его часть
- ❀ Я — воплощение молодости и красоты
- ❀ Мое тело сильное, гибкое, полное сил
- ❀ Я нравлюсь себе и другим, я великолепна и привлекательна
- ❀ Я наполнена молодостью, красотой и здоровьем
- ❀ Мои внутренние ресурсы безграничны
- ❀ Я счастлива от того, как хороша
- ❀ Я лучшая частичка Вселенной
- ❀
- ❀
- ❀
- ❀
- ❀

На обретение женской силы

❀ Моя женская сила пылает, как яркий цветок.

❀ Я сама создаю свой прекрасный и изобильный мир

❀ У меня все хорошо!

❀ Я женственная и гармоничная

❀ Свет любви и здоровья уносит от меня все лишнее и ненужное

❀ Я — могущественный Творец своего собственного мира и успеха!

❀ В моем мире все процветает

❀ Золотой свет божественной любви омывает и исцеляет все мое тело

❀ Я чиста, свежа и абсолютно здорова!

❀ Я нахожу все больше радости в каждом дне своей жизни

❀ Я открываюсь сейчас счастью

❀ Моя сила — энергия Вселенной, моя победа — божественная любовь!

❀ Я рождена для любви

❀ Сила природы питает мое женское начало

❀ Во мне сходится сила всех великих женщин мира

❀

❀

❀

❀

❀

На гармонию

- ❀ Я в полной безопасности
- ❀ Я живу в абсолютной гармонии с миром
- ❀ Прямо сейчас я изменяю свое будущее к лучшему
- ❀ Каждую минуту я творю новую прекрасную реальность для себя!
- ❀ Я — свой самый лучший друг и самый надежный партнер
- ❀ Я верю в то, что все светлые силы Вселенной помогают мне
- ❀ Я доверяю жизни. Вселенная приготовила грандиозные планы для меня!
- ❀ Я всегда защищена!
- ❀ Я отдаю все свои тревоги и заботы сегодняшнего дня Господу
- ❀ Я спокойна
- ❀ Моя жизнь гармонична, идеальна для меня и постоянно улучшается!
- ❀ Я с благодарностью высшим силам получаю все богатства этого мира!
- ❀ Мой мир расцветает!
- ❀ Я благодарю Вселенную и Господа за каждый день моей чудесной жизни!
- ❀ Я уравновешена, вдумчива и мудра
- ❀
- ❀
- ❀
- ❀
- ❀

На любовь

* Мужчины преклоняются передо мной!
* Моя семья — моя гордость!
* Я — молодая, стройная и сексуальная!
* Я люблю мир, и я любима всеми!
* Моя женская сила не знает границ!
* Я магнит для прекрасных отношений!
* У меня лучший в мире мужчина!
* Я — самая счастливая в мире женщина!
* Моя прекрасная жизнь переполнена любовью и счастьем!
* Я успешна и счастлива в личной жизни!
* Любовь греет меня изнутри
* Я взаимно люблю идеального мужчину
* Мои отношения — это совершенство
* Я притягиваю лучших мужчин
* Я взаимно люблю лучшего из лучших
*
*
*
*
*
*

На уверенность

- ♥ Я чувствую себя уверенно
- ♥ Я чувствую себя уверенно в любой компании
- ♥ Я достойна самого лучшего и могу себе позволить самое лучшее
- ♥ Я могу идти своим собственным путем
- ♥ Я горжусь своими победами
- ♥ Я — хозяйка своего будущего
- ♥ Я ценю себя
- ♥ Я учитываю ошибки и позволяю им помогать мне
- ♥ Я готова преодолеть любое жизненное препятствие
- ♥ Я генерирую новые идеи
- ♥ Я спокойно и быстро решаю любые проблемы
- ♥ Я верю в себя
- ♥ Я справляюсь с любыми трудностями
- ♥ Я всегда владею собой
- ♥ Я полностью осознаю, что очень талантлива
- ♥
- ♥
- ♥
- ♥
- ♥

На развитие и личностный рост ⚡

- 💎 Я постоянно развиваюсь в нужных мне направлениях
- 💎 Обстоятельства, ситуации и люди способствуют моему развитию
- 💎 Я получаю удовольствие от саморазвития
- 💎 Мне нравится становиться лучшей версией себя
- 💎 Я легко прививаю себе полезные привычки
- 💎 Мой мозг пластичен и легко поддается усилиям по улучшению моей личности
- 💎 Я становлюсь сильнее
- 💎 Я становлюсь умнее
- 💎 Я быстро приближаюсь к своему идеальному образу
- 💎 Благодаря внутренним изменениям происходят позитивные изменения в моей жизни
- 💎 Я меняюсь и развиваюсь только в лучшую сторону
- 💎 Жизнь поднимает меня к новым высотам
- 💎 Я следую своему жизненному предназначению
- 💎 Мое жизненное предназначение — счастье и успех
- 💎 Я вдохновляю себя на новые свершения
- 💎
- 💎
- 💎
- 💎
- 💎

На деньги

- ❤ Я легко притягиваю деньги
- ❤ Я богатая, дорогая женщина
- ❤ Я наслаждаюсь богатством и процветанием
- ❤ С каждым днем я становлюсь богаче
- ❤ Я пользуюсь всеми благоприятными возможностями заработать
- ❤ Я даю пользу миру, и мир щедро платит мне
- ❤ Мои деньги приносят пользу мне и миру
- ❤ У меня есть деньги всегда
- ❤ Мне всегда на все хватает денег
- ❤ Я легко отдаю и легко принимаю деньги
- ❤ Я открыта для больших финансовых потоков
- ❤ Я наслаждаюсь богатством в своей жизни
- ❤ Мои доходы все время растут
- ❤ Я твердо стою на ногах
- ❤ Я знаю, что финансовая свобода — мое право
- ❤
- ❤
- ❤
- ❤
- ❤

Аффирмация для 🔲

Заполните квадратики своими аффирмациями. Пишите их по всем правилам, на любую тему. По утрам закрывайте глаза и наугад тыкайте пальцем в эту таблицу. Ту аффирмацию, на которую вы указали, повторяйте 30 раз. Уверенно, слушая себя, чувствуя силу Вселенной.

"

Дом — это место, где царит счастье, где в воздухе витает любовь, где все погружено в атмосферу гармонии и уюта. Это ваше прекрасное королевство, которое вы создали собственными руками.

#АффирмацииОм

Счастливая минута

В физике существует понятие пространственно-временного континуума. Это модель, где помимо измерения «пространство» существует понятие «время», и оба эти измерения непрерывны и существуют всегда. То есть все, что когда-либо происходило и происходит на Земле, случалось и случается в определенный момент времени.

Суть этого пространственно-временного континуума сводится к тому, что энергия и кармическая информация никуда не исчезают, а текут непрерывным потоком из суток, НО в строго определенное время. Один раз в сутки мощность и сопротивление пространственно-временного континуума истончаются. Это — счастливая минута. В этот промежуток мы способны совершать огромные скачки в личностном развитии, используя минимум энергии. Именно в этот момент надо загадывать свои самые сокровенные желания — Вселенная услышит их намного быстрее.

КАК ВЫЯСНИТЬ, КОГДА НАСТУПАЮТ ЭТИ СЧАСТЛИВЫЕ МИНУТЫ?

Изучим наглядно. Сначала запишем дату: число и месяц. Например, 4 сентября или 04.09.

04.09

Цифра, обозначающая день, будет указывать на час, во время которого наступит счастливая минута. Цифра, обозначающая месяц, будет указывать на минуту, которая предшествует счастливой. Таким образом, четвертого сентября волшебная минута наступит в 4 часа 9 минут (ночью).

4 часа 9 минут

То есть с 4:09 до 4:10, строго в течении шестидесяти секунд, вы сможете загадать одно желание. Просите конкретно и четко, что именно вы хотите получить и когда.

Но что же делать, например, 29 сентября или 31 января? Ведь в сутках всего 24 часа. Спокойно, выход есть, и он проверен веками. С 25 по 31 число мы меняем правило подсчета: порядковый номер месяца показывает нам искомый час, а порядковый номер дня — минуту. Например, 29 сентября (29.09) счастливая минута наступает в 9 часов 29 минут.

29.09

9 часов 29 минут

Соответственно 31 января (31.01) нам придется проснуться в половине второго ночи, потому что счастливая минутка начнется ночью — в 1 час 31 минуту.

31.01

1 час 31 минута

Пусть ваши желания исполнятся!

Олеся
Малинская

Люблю вас

Мои самые лучшие!!! Я надеюсь, что, прочитав эту книгу до конца, вы почувствовали ВСЮ мою любовь. И теперь вы считаете меня родным человеком. Счастье — найти родственные души, и я рада, что вы со мной!

Я хочу, чтобы вы прошли свой жизненный путь легко и с наслаждением. Красиво, ярко, счастливо, достойно! Я хочу, чтобы каждая из вас стала идеалом и той женщиной, на которую вам самим хотелось бы равняться: доброй, нежной, чувственной! Чтобы в вас раскрылась ваша истиная природа! Чтобы вы поняли, для чего живете!

Хочу, чтобы каждый день вы просыпались и понимали, что очень счастливы. Чтобы никогда не переставали благодарить. Чтобы постоянно повышали свою женскую силу и энергию. Чтобы достигли всех прекрасных целей всем во благо. Чтобы построили семью своей мечты, обрели самый великий смысл жизни, реализовали себя как личность. Чтобы в вас всегда преобладала эта волшебная золотая середина, которую я так люблю!

Желаю от всего сердца воплотить все самые светлые мечты! Я дала вам все ключи и подсказки, как это сделать. Я вывернула всю свою душу для того, чтобы у вас сбылось лучшее, поделилась своими секретами ради вашего созидания. Отдала все знания и мудрость, накопленные годами во всех сферах. Пользуйтесь во благо!

Все, что от вас требуется для налаживания и поддержания гармонии в жизни, — быть счастливой! А для этого вы должны нести добро и любовь. А еще никогда не забывать, что вы на этой планете с огромной миссией и от вас зависит, какое будущее ждет этот мир. Я буду и дальше с вами. Буду вдохновлять вас и давать силу и веру.

Пишу вам, и дух захватывает! Как же я верю в каждую из вас! Счастлива бесконечно! Люблю вас безгранично!

С любовью и благодарностью, ваша Олеся.

Связь со мной

Это моя ладонь. Я обвела ее, чтобы ты всегда могла на нее рассчитывать. Чтобы мы всегда могли усилить друг друга настоящей любовью и женской энергией.

Когда ты читаешь аффирмации, когда делаешь практики, когда просто хочешь взаимно поделиться добром, силой, и энергией — прикладывай свою руку к этой картинке. И когда тебе плохо — тоже прикладывай, знай, что я с тобой, что тебе обязательно станет легче.

Благодарное сердце

Если тебе помогла моя книга, если ты уже начала менять свою жизнь к лучшему, то я предлагаю тебе сделать со мной энергообмен. Напиши в этом сердце то, за что ты благодарна мне, сфотографируй, выложи в сторис и отметь меня. Я увижу это и пошлю в ответ свою энергию. Кроме того, выберу самые вдохновляющие благодарности и репостну. Все это вернется тебе огромным добром и удачей — по всем законам Вселенной.

Издание для досуга

TALANTA AGENCY

Малинская Олеся Александровна

PERFECT YOU
как превратить жизнь в сказку

Главный редактор *Р. Фасхутдинов*
Руководитель направления *М. Виноградова*
Продюсер проекта *Т. Кальницкая*
Ответственный редактор *М. Гусарова*
Литературный редактор *Д. Насонова*
Художественный редактор *П. Петров*
Технический редактор *Л. Зотова*
Компьютерная верстка *О. Шувалова*
Корректор *О. Ковальчук*

ООО «Издательство «Эксмо»
123308, Москва, ул. Зорге, д. 1. Тел.: 8 (495) 411-68-86.
Home page: www.eksmo.ru   E-mail: info@eksmo.ru
Өндіруші: «ЭКСМО» АҚБ Баспасы, 123308, Мәскеу, Ресей, Зорге көшесі, 1 үй.
Тел.: 8 (495) 411-68-86.
Home page: www.eksmo.ru   E-mail: info@eksmo.ru.
Тауар белгісі: «Эксмо»
Интернет-магазин : www.book24.ru
Интернет-магазин : www.book24.kz
Интернет-дүкен : www.book24.kz
Импортёр в Республику Казахстан ТОО «РДЦ-Алматы».
Қазақстан Республикасындағы импорттаушы «РДЦ-Алматы» ЖШС.
Дистрибьютор и представитель по приему претензий на продукцию,
в Республике Казахстан: ТОО «РДЦ-Алматы»
Қазақстан Республикасында дистрибьютор және өнім бойынша арыз-талаптарды
қабылдаушының өкілі «РДЦ-Алматы» ЖШС,
Алматы қ., Домбровский көш., 3«а», литер Б, офис 1.
Тел.: 8 (727) 251-59-90/91/92; E-mail: RDC-Almaty@eksmo.kz
Өнімнің жарамдылық мерзімі шектелмеген.
Сертификация туралы ақпарат сайтта: www. eksmo.ru/certification
Сведения о подтверждении соответствия издания согласно законодательству РФ
о техническом регулировании можно получить на сайте Издательства «Эксмо»
www.eksmo.ru/certification
Өндірген мемлекет: Ресей. Сертификация қарастырылмаған

Подписано в печать 11.09.2019. Формат 70x90^1/$_{16}$.
Гарнитура «Литературная». Печать офсетная. Усл. печ. л. 18,67.
Тираж 7 000 экз. Заказ О-2533.

Отпечатано в типографии филиала АО «ТАТМЕДИА» «ПИК «Идел-Пресс».
420066, Россия, г. Казань, ул. Декабристов, 2.
e-mail: idelpress@mail.ru

ISBN 978-5-04-102048-4

16+